ÉTUDES FORÉZIENNES

HISTOIRE
DU CHATEAU ET DES SEIGNEURS
DE LALIÈRE

AUGMENTÉE

DE PIÈCES JUSTIFICATIVES

PAR

L'ABBÉ REURE

DOCTEUR ÈS LETTRES
PROFESSEUR A LA FACULTÉ CATHOLIQUE DE LYON

ROANNE
GRANDE IMPRIMERIE FORÉZIENNE, J. MIQUEL,
1893

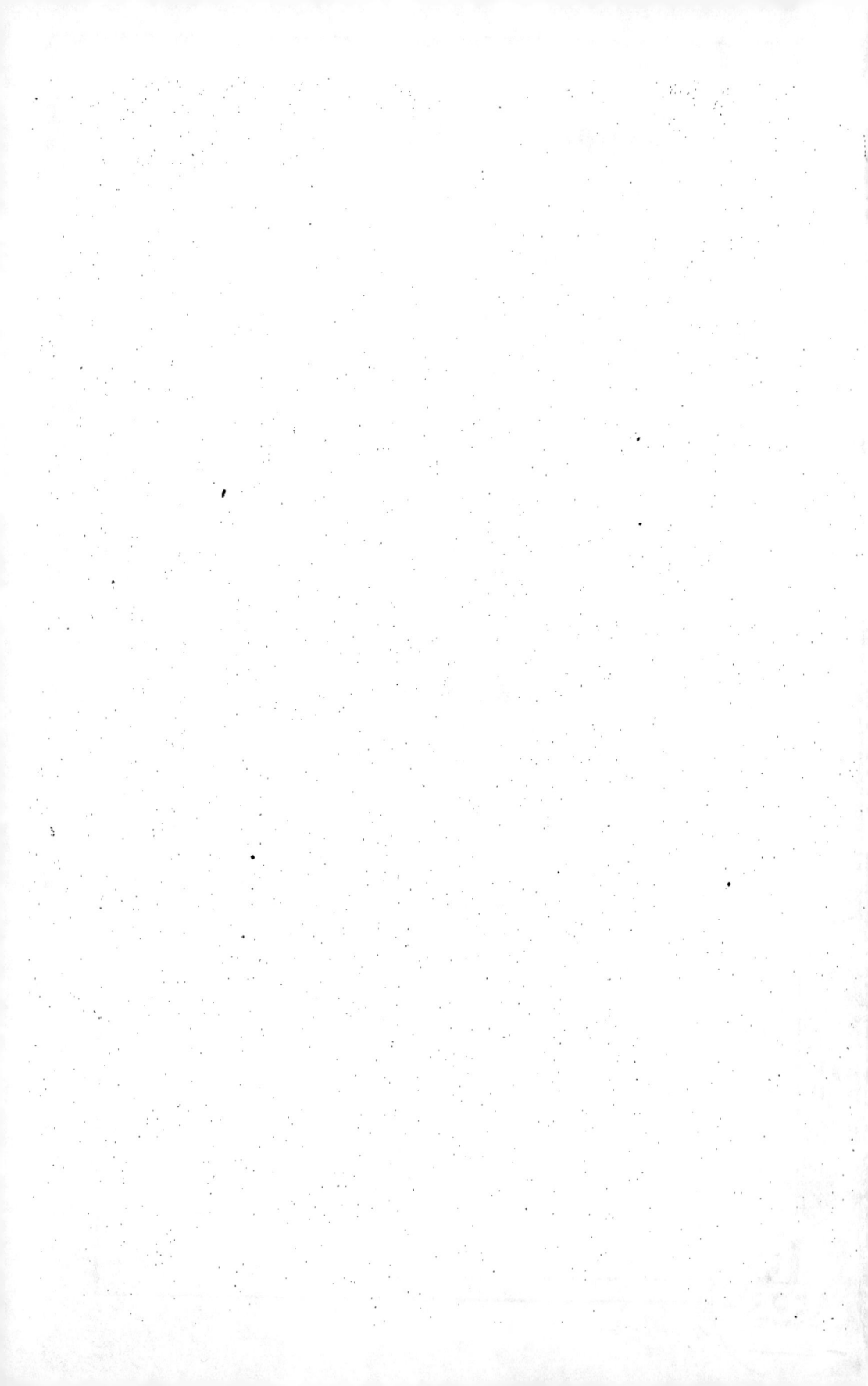

HISTOIRE

DU CHATEAU ET DES SEIGNEURS

DE LALIÈRE

ROANNE, GRANDE IMPRIMERIE FORÉZIENNE, J. MIQUEL.

ÉTUDES FORÉZIENNES

HISTOIRE
DU CHATEAU ET DES SEIGNEURS
DE LALIÈRE

AUGMENTÉE

DE PIÈCES JUSTIFICATIVES

PAR

L'Abbé REURE

DOCTEUR ÈS LETTRES
PROFESSEUR A LA FACULTÉ CATHOLIQUE DES LETTRES DE LYON

ROANNE
GRANDE IMPRIMERIE FORÉZIENNE, J. MIQUEL.
1893

PRÉFACE

———

ᴛɪᴇɴɴᴇ et Louis Papon, fils du jurisconsulte Jean Papon, dédiant le livre de
leur père sur la Coutume bourbonnaise
à Jacques de Vitri, vantent avec em-
phase la grandeur de la maison de Lalière, *noble
et célèbre entre toutes les autres familles du Bourbonnais*[1]. Il ne faut que sourire de cette hyper-
bole, et l'excuser dans une épître dédicatoire.
Cette maison prétendue si fameuse n'a nulle part
une simple notice, et assurément plus d'un érudit
forézien, j'entends de ceux qui font profession

———

[1] *In burbonias consuetudines*, Lyon, 1550. — La maison de Vitri-
Lalière avait presque toutes ses possessions en Bourbonnais, et elle
était surtout connue pour son attachement à la maison de Bourbon;
c'est en ce sens qu'on peut la considérer comme une famille bourbonnaise. Mais le château de Lalière était en Forez.

d'aimer et d'étudier le passé de notre chère province, n'a pas entendu parler du château de Lalière, ou du moins ne sait pas un mot de son histoire. La maison de Vitri est éteinte depuis trois siècles et demi ; aussi les généalogistes, qui ont recueilli les titres de tant de familles plus obscures, ont-ils oublié celle-ci, en faveur de laquelle ne réclamait plus la vanité des vivants. Longtemps, j'ai désespéré de savoir jamais quelque chose sur la mystérieuse famille qui avait possédé les ruines pittoresques de Lalière, et dont le nom même n'avait pas survécu dans le souvenir. Bien souvent, assis sur les rochers arides qui entourent le sombre château, j'ai essayé de rendre un peu de vie à ceux qui l'avaient habité, et de donner un sens aux légendes qui sont tout ce que le peuple a retenu de leur histoire. Naturellement, mon imagination revoyait des chevaliers couverts de fer, et cependant, — singulière ironie des documents ! — quand j'ai pu enfin entrer dans les temps où les Vitri cessent d'être autre chose que des ombres, je n'ai guère trouvé que des administrateurs pacifiques, des officiers de justice, des légistes, et même des beaux esprits !

Je n'aurais pas entrepris d'écrire cette esquisse, si, aux rares informations recueillies dans quelques ouvrages[1], je n'avais pu ajouter les documents précieux trouvés aux archives de Châteaumorand. Quand Lalière passa, en 1669, aux mains de la maison de Lévis, les titres de cette seigneurie vinrent se fondre dans le chartrier de Châteaumorand ;

---

[1] En particulier dans La Mure et ses annotateurs.

mais là ils ont subi bien des malheurs et même bien des avanies ; des pièces ont été mutilées, coupées au ciseau ; d'autres, analysées sommairement dans d'anciens inventaires, ne se retrouvent plus [1] ; d'autres encore, signalées en bloc, ont disparu sans même laisser un souvenir. Cependant, ces documents seront la base de notre travail, et, sans cette ressource, nous ne voyons pas comment il serait possible d'écrire une histoire un peu suivie des seigneurs de Lalière. Sans doute, les renseignements historiques abondent sur cet extraordinaire Jean de Vitri, l'âme damnée du connétable de Bourbon ; ils ne font pas absolument défaut sur Brémond de Vitri, son père, et André de Vitri, son aïeul ; mais c'est tout, ou peu s'en faut ; le reste, nous le devons principalement aux archives de Châteaumorand [2].

La première difficulté de notre travail, et une des plus inattendues, c'était d'abord de déterminer avec exactitude le nom de cette seigneurie. Depuis trois cents ans, on ne connaît plus que celui de *Lalière* ou *La Lière* ; mais, avant le xviie siècle, on rencontre les formes les plus variées : *Lerere, Larere, L'Arere, Lalere, Laylères* et *Laruere*, appellations dont quelques-unes ressemblent singulièrement à celle de *Lareure*, qui se retrouve ailleurs dans le même pays [3], et donnerait à croire que peut-être

---

[1] Ces analyses nous ont d'ailleurs rendu de grands services, surtout pour les temps anciens ; mais on verra qu'il ne faut les accepter que sous bénéfice de discussion.

[2] En règle générale, tout fait ou document dont nous n'indiquons pas la source est tiré des archives de Châteaumorand.

[3] Nous connaissons au moins deux domaines appelés *Lareure*, un à Saint-Martin-d'Estréaux, un autre à Arfeuilles.

ce lieu a été habité primitivement par des Roure.
Mais, pour des raisons faciles à comprendre, il ne
convient pas que nous insistions sur cette hypothèse.
Nous y tenons d'autant moins que le nom véritable,
authentique, de cette terre, paraît avoir été *La Rière*
ou *Larière*; nous ne renoncerons pas pour cela à
la forme moderne; car ce serait pédantisme, et
pédantisme bien inutile, de vouloir parler autrement que l'usage.

HISTOIRE
DU CHATEAU ET DES SEIGNEURS
DE LALIÈRE

CHAPITRE PREMIER

LE CHATEAU
LA JUSTICE ET LE FIEF DE LALIÈRE

Il est difficile d'imaginer un site plus austère que celui de notre vieux château. Situé à l'extrémité de la commune de Saint-Martin-d'Estréaux, loin de toute grande voie, entouré de rochers, de buissons et de maigres pâturages, on y arrive en traversant des collines couvertes de bruyères. Cependant ce lieu, qui paraît d'abord désolé, ne manque pas de grandeur et même de charme; à ses pieds, du côté du nord et du levant, s'étend une plaine assez riante; et quand on a contemplé, de la terrasse du château, cet immense horizon qui commence aux montagnes du Lyonnais et finit au Morvan, on trouve moins étrange l'idée des premiers seigneurs de Lalière de s'être installés dans cette solitude.

A quelle époque eut lieu cet établissement? Il serait téméraire même de le conjecturer. Il y eut là, sans doute, dans ces temps lointains du moyen âge que nous connaissons si peu, un premier

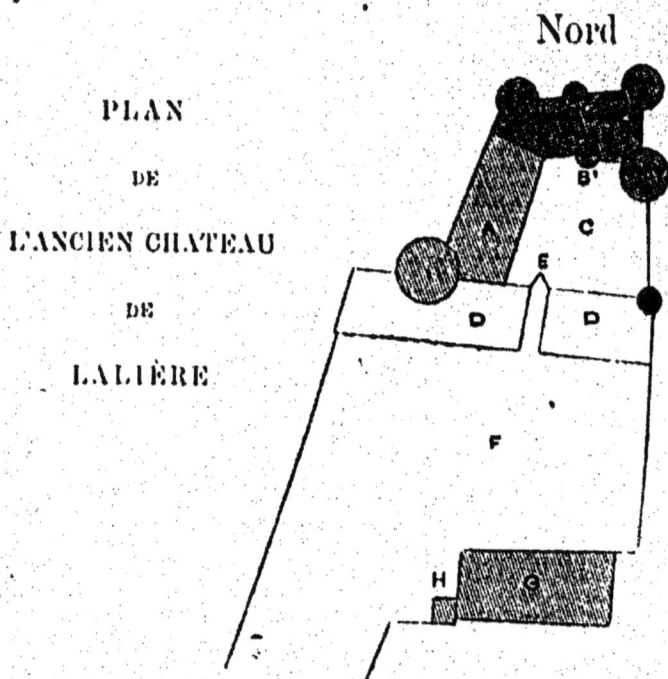

Nord

PLAN

DE

L'ANCIEN CHATEAU

DE

LALIÈRE

LÉGENDE

A Corps de logis et tour qui subsistent encore. — B Partie du château dont il ne reste plus rien. — B' Tour à demi ruinée. — C Cour intérieure ou terrasse. — D Fossé. — E Pont. — F Cour extérieure. — G Grange. — H Tour carrée en ruine.

La petite tour marquée en noir, au coin du fossé et de la terrasse, n'existe plus.

manoir, dont il ne reste tout au plus que des substructions et quelques débris. Une partie importante de Lalière, qui subsistait à la fin du dernier siècle, appartenait peut-être à ce château primitif; ce n'étaient déjà plus que des ruines inhabitables, mais assez entières encore pour qu'on ait pu en relever le plan. Nous mettons sous les yeux du lecteur ce dessin, seul témoin, à notre connaissance, de ce que fut le château des seigneurs de Lalière au moment de leur plus grande puissance[1]. Depuis, ces débris ont été utilisés pour des constructions plus récentes, ou bien, achevant de s'émietter, ont roulé sur les pentes voisines, à l'exception d'un morceau de muraille, suspendu aux flancs de la montagne, et d'une tour découronnée et informe, maintenant isolée dans la cour.

Ce qui reste aujourd'hui de Lalière est probablement plus moderne. C'est un simple carré allongé, flanqué au sud-ouest d'une grosse tour d'angle. Autant qu'on peut en juger par une architecture qui a peu de caractère, cette construction doit dater du xve siècle, du temps d'André de Vitri ou de son père Philippe de Vitri. Mais il y eut quelques remaniements à l'époque de la Renaissance, et on élargit au moins les fenêtres pour donner plus de lumière au château[2]. D'ailleurs aucune moulure élégante, aucune sculpture; on ne voit même nulle part les armes de la maison de Vitri-Lalière, qui ne sont connues que par des témoignages écrits. En somme, cette lourde bâtisse, vue du dehors, offrirait peu d'intérêt, sans cette

[1] Ce plan est tiré d'un superbe atlas cadastral des seigneuries de Lalière, Bost, Butavant, Dianière, Ande et le Pré du Verger, dressé par Favre à la fin du xviiie siècle pour le comte de Lévis-Mirepoix, et qui est conservé à Châteaumorand.

[2] Ces remaniements furent faits très probablement par Jacqueline de Chaugy, dame de Lalière, douairière de Chitain, qui habitait souvent le château de Lalière.

splendide tapisserie de lierre, une des plus belles qu'il y ait en France, et qui couvre entièrement le château au couchant et au midi[1].

L'intérieur, au contraire, est fort curieux. Non pas qu'il faille y chercher aucun échantillon de l'art de nos pères ; tout est simple et presque pauvre, et d'anciens procès-verbaux de visites, rédigés en 1772 et 1778, ne signalent rien non plus qui mérite attention, à l'exception peut-être d'une salle antique appelée « l'arsenal ». Mais la construction du château, assis sur le bord d'un versant très rapide, a obligé l'architecte à racheter cette pente par deux étages superposés de caves, qu'on appelle vulgairement les « souterrains de Lalière ». Cette disposition ne manque jamais d'étonner le visiteur, et quand il arrive au second escalier, il lui semble qu'il va s'enfoncer dans les profondeurs de la terre. A vrai dire cependant, le second étage des souterrains est plutôt le rez-de-chaussée de l'habitation, un rez-de-chaussée au-dessous de la cour ; et ce qui le prouve, c'est qu'une de ces salles basses est encore pourvue d'une immense cheminée. A l'autre extrémité, est une belle pièce, voûtée avec soin, et revêtue d'un plâtrage très fin, mais d'ailleurs sans autre ornement. Une tradition constante appelle cette salle « la chapelle de Lalière ». Les *Visites*

---

[1] Ces pieds de lierre sont énormes, et paraissent très anciens. Le peuple, même dans les apparentes fantaisies de sa langue, obéit à des analogies secrètes, et souvent c'est un jeu de mots qui rend compte d'un changement d'usage. A l'origine on disait *Larlère* ; mais quand on vit le château se couvrir de *lierre*, la prononciation de *Lalière*, par une sorte d'attraction bien connue des philologues, se substitua peu à peu à l'ancienne.

pastorales des évêques de Clermont[1] prouvent que la chapelle était déjà fort délabrée en 1702 ; dans les visites de 1725 et de 1745, il n'en est plus question[2]. De cette salle, un étroit escalier, maintenant impraticable, conduisait au niveau de la cour. A l'étage inférieur, je ne vois rien à signaler que des meurtrières qui, au dehors, affleurent presque le sol, et un couloir secret, qui a dû servir aussi à la défense.

Si on pénètre dans les souterrains de Lalière, non par la porte principale du château, mais par une autre entrée voisine du fossé, précédée d'une sorte de perron, on s'enfonce par un couloir obscur, encombré d'éboulis, et on arrive dans la grosse tour d'angle. Là s'ouvre un trou carré, béant : ce sont les *oubliettes*, la grande curiosité de Lalière. Il est d'ailleurs aisé, sans même avoir autour du cœur un triple airain, de descendre avec une échelle dans cet abîme assez raisonnable. On se trouve alors dans une chambre ronde, voûtée grossièrement, et très faiblement éclairée par deux meurtrières, dont l'une donne sur le fossé, et l'autre sur la campagne.

Maintenant, est-ce que ce sont là de véritables *oubliettes* ? Je ne veux pas recommencer un roman trop facile, à propos des os blanchis d'un malheureux mouton, égaré là par mégarde. Non, je ne crois pas, ou je ne crois guère, à ces tombeaux

---

[1] La paroisse de Saint-Martin-d'Estréaux appartenait alors au diocèse de Clermont.

[2] Les procès-verbaux de visites des évêques de Clermont sont conservés au séminaire de Montferrand ; la copie de ceux qui concernent Saint-Martin-d'Estréaux nous a été communiquée par M. Monery.

fermés pour jamais, inventés par les terreurs
populaires, où le caprice d'un seigneur enfouis-
sait un tenancier qui avait refusé de payer la taille,
et fermait sur sa tête la pierre qui le retranchait
des vivants. En ce sens, il n'y a — peut-être — pas
eu d'oubliettes ; mais quelques-unes de ces chambres

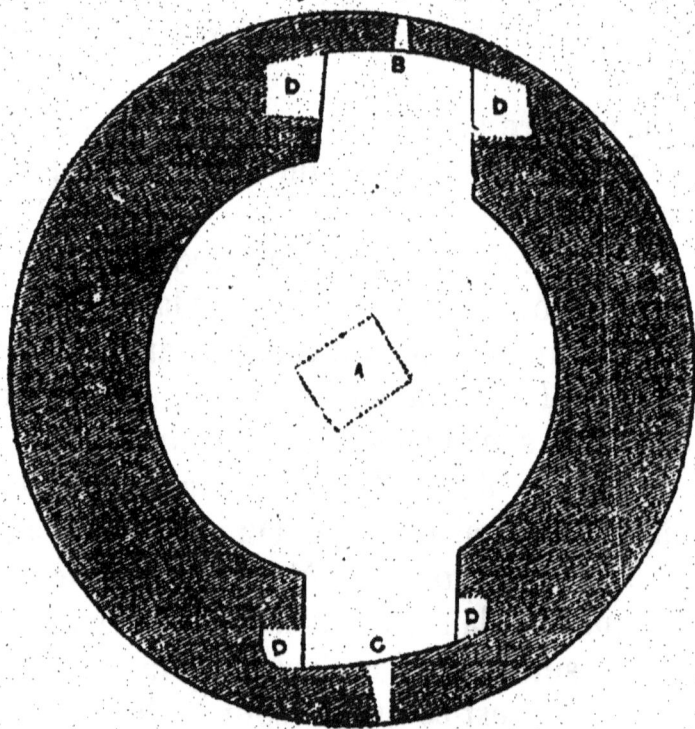

PLAN DES OUBLIETTES DE LALIÈRE

LÉGENDE : A Ouverture pratiquée dans la voûte ; B Meurtrière donnant sur le fossé ; C Meurtrière donnant sur la campagne ;
D Bancs de pierre ménagés dans la muraille.

souterraines ont pu être au moins d'affreuses prisons, où le prévenu pourrissait, en attendant la
sentence du juge seigneurial. Depuis que Viollet-
le-Duc a dit qu'il ne connaissait qu'un ou deux

exemples à peu près authentiques d'oubliettes, il est de mode de regarder comme des attardés ceux qui croient encore à ce genre de prisons. Je n'ai pas ici la pensée de traiter la question ; mais si on veut bien examiner le plan des oubliettes de Lalière, on conviendra qu'il n'y a aucune absurdité à soutenir qu'elles ont pu être une prison ; je ne vois guère, en effet, à quoi auraient servi, si on écarte cette hypothèse, les bancs de pierre qu'on a eu la pré-caution, — j'allais dire l'humanité ! — de ménager dans l'épaisseur du mur, ni même quel aurait été l'usage de cette chambre. Si, à cause des meur-trières qui éclairent avarement ce lugubre réduit, on parle des commodités de la défense, il était alors bien inutile de le fermer avec tant de soin[1].

Revenons au grand jour, après cette excursion souterraine, qui éveille au moins des doutes péni-bles sur la douceur de l'état social au moyen âge. A l'entrée du sombre couloir qui nous a conduits aux oubliettes, nous verrons un puits qui a servi de thème aux plus singulières légendes. On raconte encore, pendant les longues veillées, qu'il traverse toute la terre ; les ouvriers qui le creusèrent, arri-vés à une prodigieuse profondeur, trouvèrent un jeu de quilles d'or ; allant encore plus avant, ils s'arrêtèrent enfin, lorsqu'ils entendirent, de l'autre côté de notre globe, la voix d'une bergère qui appe-lait son troupeau ; ce puits est d'ailleurs coupé, dit-on, par trois grilles de fer infranchissables. Ces

---

[1] Il faut noter que, par surcroît de précaution, la chambre qui est au-dessus des oubliettes était fermée par une porte solide, dont on voit encore les gonds.

légendes font partie intégrante de l'histoire populaire de Lalière, et c'est à ce titre que nous les rapportons. On dit aussi que de longs souterrains, glissant le long de la montagne, unissent mystérieusement Lalière à Châteaumorand ; une sorte de caverne creusée dans le sable, trouvée il y a trente ou quarante ans près d'un chemin, a donné du renouveau à cette tradition ; ce n'était probablement qu'une cachette de faux-saunier. Quant aux prétendues légendes relatives aux aventures du connétable de Bourbon à Lalière, nous les relirons toujours avec un très grand plaisir, comme d'agréables fantaisies littéraires ; mais elles sont inconnues dans le pays.

Pour achever la visite de Lalière, nous n'avons plus qu'à jeter un coup d'œil sur ses défenses extérieures. A quelque distance, on voit encore deux petites tours ou barbacanes en ruine, dont la plus éloignée commandait le chemin de Saint-Martin-d'Estréaux à Dianière, l'autre, le chemin de Saint-Martin à Lalière[1]. Le château, bâti à l'extrémité d'une montagne qui s'abaisse partout, excepté au midi, par des pentes très rapides, avait surtout besoin d'être protégé du seul côté où il fût facilement accessible. Ici, en effet, le plateau a été coupé par un fossé profond, à parois verticales, d'une conservation presque parfaite, et qu'on franchit maintenant sur un pont fixe, substitué depuis longtemps à l'ancien pont-levis. La porte était en outre

---

[1] La plus éloignée du château n'est pas comprise dans le plan de Lalière donné plus haut : il était impossible, faute d'espace, de le figurer tout entier.

défendue par des meurtrières, qui sont précédées de chambres de service laissées dans l'énorme épaisseur du mur, et par deux échauguettes, dont il ne reste que les encorbellements[1]. Tout cela est curieux et pittoresque.

Ces travaux de défense ont-ils jamais servi à quelque chose ? L'histoire ne dit rien du rôle militaire de Lalière, et se contente d'enregistrer les pilleries des bandes de Gaston d'Orléans, établies à Lalière en 1632. On dit bien que des paysans ont déterré, dans les champs d'alentour, des biscaïens ou petits boulets de fer ; mais les renseignements recueillis sont trop confus pour qu'on puisse rien en conclure de certain sur un siège du château.

La maison forte de Lalière, avec son double corps de logis, ses neuf tours ou barbacanes, ses échauguettes et son fossé, était d'une importance fort supérieure à celle de la plupart des petits châteaux du Roannais. Cela surprend d'autant plus que le rang féodal des seigneurs de Lalière et leurs droits de justice étaient assez médiocres.

Tandis que de modestes fiefs du voisinage, comme ceux de Dianière et de Butavant, qui consistaient tout au plus en quelques arpents de terre et en chétives redevances, possédaient pleine et entière justice, Lalière n'avait que la basse et peut-être la moyenne justice[2], la haute appartenant,

---

[1] Il est probable, de plus, qu'il y avait au-dessus de la porte un *moucharabî*, sorte de galerie percée à jour dans sa partie inférieure.

[2] En pratique, ces deux degrés du droit de justice différaient assez peu, et il était souvent difficile de les distinguer. Dans la convention de 1468 citée plus bas, il n'est question que de la *haute* et de la *basse* justice ; l'autre semble inconnue.

même dans le châtel et sur les gens du châtel, au baron de Châteaumorand ; ce point était reconnu dès l'année 1287. Mais il y eut des contestations, inévitables entre seigneurs fort jaloux de leurs prérogatives. Une enquête faite en 1406, par devant Papon, châtelain de Dianière, Jacques de Puyclamand, lieutenant du châtelain de Châteaumorand, et Mathieu Gacon, châtelain de Lalière, établit que le ruisseau de Francol, limite des héritages et des justices de ces trois seigneuries, s'était détourné de son cours, « d'environ un demi-seillon », au préjudice de Philippe de Vitri.

Les seigneurs de Lalière refusaient quelquefois à ceux de Châteaumorand de reconnaître et avouer leur droit de haute justice. Le 24 novembre 1468, en présence de Jean de Vitri, prieur de Saint-Germain-des-Fossés, et frère d'André de Vitri, Philibert de Saint-Didier, Vassaut de Rollat, sire de Châtel-Montagne, et Antoine Blein, seigneur des Miniers et châtelain de Châteaumorand, intervint une transaction entre Brémond de Lévis et André de Lalière. Celui-ci, en échange de quelques avantages, « reconnaissait la haute justice appartenir au dit Brémond, seigneur de Châteaumorand, dans le lieu, châtel et terre de Lalière, et à lui seulement la basse justice jusqu'à soixante sols et un denier tournois, et cela tout le tour de sa maison, à la distance du moulin à vent ». Cet acte solennel fit longtemps autorité, et fut la véritable charte des droits et des devoirs de la seigneurie de Lalière en matière de justice. Si de nouvelles difficultés s'élevèrent plus tard, au commencement du xvııe siècle, elles ne tenaient qu'à la haine conçue par Godefroy de la Guiche, seigneur de Chitain et de Lalière, contre la maison de Châteaumorand ; on verra comment cette hostilité violente aboutit à un événement tragique.

Les droits restreints de juridiction de Lalière prouvent que cette seigneurie eut d'abord une petite importance ; elle ne grandit plus tard, au xvᵉ siècle, que par les services de la famille de Vitri, et par la faveur des ducs de Bourbon. Cela est d'ailleurs confirmé par la médiocrité de sa condition féodale. Un grand nombre de fiefs obscurs de nos provinces, on le sait, étaient mouvants du duc de Bourbonnais et du comte de Forez, quelques-uns même du roi. Celui de Lalière n'avait pas cet avantage assez commun. La seigneurie de Lalière devait la foi et hommage, pour la plupart de ses héritages, cens, dîmes, corvées et redevances féodales, aux baronnies de Châteaumorand et de Châtelus. Le château lui-même qui, nous venons de le voir, était tenu en justice de Châteaumorand, était tenu en fief, jusqu'à ses murs, défenses et fossés, du sire de Chatelperron[1] ; preuve entre mille autres que fief et juridiction étaient choses bien distinctes, bien qu'on les ait trop souvent confondues. Mais les choses s'embrouillèrent dans la suite, quand ces devoirs de vassalité devinrent un peu surannés ; aussi voyons-nous, en 1541, Suzanne de Vitri donner procuration pour faire hommage au roi de ce qui pouvait lui revenir dans la terre de Lalière, et, au xviiiᵉ siècle,

---

[1] Cela est formellement reconnu dans la transaction de 1468, citée plus haut.

les comtes de La Palisse revendiquer la suzeraineté de cette seigneurie.

Les possessions et les revenus des Vitri, d'abord réduits à la seule terre de Lalière, avec quelques fonds des censives voisines, furent longtemps très modestes, et ne leur permirent guère de sortir de la petitesse de leur condition. Ils étendirent lentement leurs domaines. Au milieu du xvᵉ siècle, Pierre de Chantelot donna la terre d'Ande à André de Vitri, son neveu ; vers le même temps, le Pré et le Verger entrèrent dans la maison de Lalière. Au commencement du siècle suivant, Brémond de Vitri acquit du seigneur de la Bazolle le petit fief de Larochecheffaux ; en 1506, il acheta un héritage à Saint-Pierre-Laval, d'Antoine Morelot et de Claude de Châtelmorand[1]. Sa veuve, Catherine de Talaru, grâce aux dons et aux pensions de la duchesse de Bourbon, continua les acquisitions de son mari ; même en 1525, après la grande crise que nous raconterons ailleurs, elle achetait encore de Jean Reure, prêtre, une maison au bourg de Saint-Martin-d'Estreaux. Mais il serait fastidieux d'énumérer une longue série d'actes qui ne peuvent avoir, tout au plus, qu'un intérêt local. Il suffira de dire qu'au xviiᵉ siècle, la seigneurie de Lalière embrassait, outre la réserve du château, les domaines Meunier et de la Métairie, et les fiefs de Bost, de Butavant, de Bosrond, de Dianière, d'Ande, de Larochecheffaux, du Pré et du

---

[1] C'est la seule trace que j'aie trouvée, jusque-là, de cette Claude de Châtelmorand ; c'était peut-être une fille naturelle de Brémond de Lévis.

Verger[1], regardés alors comme de simples dépendances du fief principal. A la fin du xviiie siècle, les revenus de Lalière étaient estimés à 6,000 livres environ.

Dans cette somme étaient comprises des dîmes inféodées considérables[2], entre autres une dîme *charnage*, cédée par Brémond de Lévis à André de Lalière, et la *dîme de Saint-Rigaud*, qui se levait dans la paroisse de Saint-Pierre-Laval. Cette dîme, sur laquelle le curé de Laval prélevait une partie de sa portion congrue, avait été donnée aux moines de l'abbaye de Saint-Rigaud, *tempore quo Ludovicus rex* [saint Louis] *iturus esset Jerusalem cum exercitu magno*[3]. Elle fut aliénée par Antoine d'Amanzé à Jacqueline de Chaugy, dame de Lalière[4], dans ces temps déplorables de la commende, où les abbés disposaient presque sans contrôle de la fortune de leurs monastères.

Telle est, fidèlement résumée dans ses traits généraux, l'histoire du fief de Lalière. La famille de Vitri s'est élevée beaucoup plus haut que son état féodal ; avec les qualités d'intelligence, d'habileté et d'énergie que nous remarquerons dans cette race, il est probable qu'elle eût grandi

---

[1] Souvent ces deux petits fiefs sont réunis sous le nom de *Pré du Verger*.

[2] En 1791, Favre, intendant de Châteaumorand, en estimait le revenu à 2,500 livres ; mais, comme il était alors question du remboursement des dîmes, cette évaluation est certainement forcée pour les besoins de la cause.

[3] Extrait d'un mémoire produit par M. d'Eterno, abbé de Saint-Rigaud, qui est aux archives de Châteaumorand.

[4] Cette affaire amena des difficultés et des procès qu'il serait trop long d'exposer ici.

jusqu'aux premiers rangs de la noblesse française. Mais sa prospérité fut brusquement interrompue par les grands événements qui suivirent la défection de Charles de Bourbon. Les deux derniers Vitri, après avoir suivi la fortune aventureuse du connétable, succombèrent avec lui, et la seigneurie de Lalière, tombée dans la maison des La Guiche, puis dans celle des Lévis-Châteaumorand, ne fut plus considérée par eux que comme une annexe de leurs vastes domaines.

CHAPITRE II

LA MAISON DE VITRI

ARMES DES VITRI-LALIÈRE [1]

(D'azur, au lion d'argent, armé lampassé et couronné de gueules).

La maison de Vitri-Lalière est probablement
originaire de Vitri-sur-Loire, et peut-être a-t-elle

---

[1] La Mure, *Astrée Sainte*, liv. III, c. 25. — Cf. Renon, *Chron. de
N.-D. d'Espérance*, chap. XXVI ; La Roche La Carelle, *Hist. du
Beaujolais*, t. II, p. 424 ; Le Laboureur, *Mazures de l'Isle-Barbe*, t. II,
p. 150 (n. éd.) ; Steyert, *Armor. du Lyonnais, Forez et Beaujolais*, au
mot « Vitry ». — Il faut dire cependant que Jacques de Vitri, abbé
d'Evron (Voy. plus loin, p. 63), avait des armes toutes différentes,
et portait : *de gueules, à un coq d'argent, armé et crété d'or*. Peut-
être étaient-ce des armes qui lui étaient personnelles.

quelque parenté avec celle des Bourbon-Vitri, seigneurs de Bourbon-Lancy.

Quoi qu'il en soit, nous ne savons à peu près rien du rôle militaire et politique des seigneurs de Lalière pendant un siècle et demi, et leur nom même n'a été sauvé de l'oubli, où est ensevelie l'histoire de tant d'autres anciennes familles, que par des actes privés. Modestes gentilshommes, assurément, car un seul est qualifié chevalier dans un temps où ce titre était devenu assez commun, ils ont dû partager leur vie entre les hasards de la guerre, et la chétive existence de leur châtel, où ils revenaient, après avoir combattu sous la bannière d'un baron de La Palisse ou de Château-morand, défricher leurs bruyères, administrer et arrondir peu à peu leur patrimoine, et dépenser leurs maigres revenus. Nous verrons qu'ils eurent de bonne heure des emplois à la cour des comtes de Forez et des ducs de Bourbon, ou dans leurs châtellenies et prévôtés.

La meilleure manière d'exposer le peu que nous savons des premiers seigneurs de Lalière, jusqu'à André de Vitri, écuyer de la duchesse Agnès de Bourgogne, est de donner simplement la série chronologique des actes où ils interviennent. Ce ne sera, nous en convenons, qu'un inventaire aride; mais à quoi bon dissimuler par des artifices de style des actes d'aveu et des titres de vente ?

I. N. DE VITRI, seigneur de Lalière, mort au plus tard en 1287, eut deux fils :

1° Pierre de Vitri, qui suit ;

2° André de Vitri.

II. Pierre Ier de Vitri. Un acte de 1287 constate que, cette année-là, Guichard de Châtelus, seigneur de Châteaumorand, rendit hommage pour la haute justice qu'il avait sur les terres que tenaient de lui Pierre de Vitri, chevalier, et André son frère, dans les paroisses de Saint-Martin-d'Estreaux et de Droiturier[1]. Pierre paraît être mort jeune et sans enfants, et avoir eu son frère pour héritier.

III. André Ier de Vitri, frère de Pierre de Vitri. Le 20 décembre 1309, fête de saint Thomas, André de Vitri, damoiseau, seigneur de Lalière, fit l'acquisition de cens et rentes à Lenax.

IV. André II de Vitri. En 1335, la veille de la fête de Sainte-Croix, il fit hommage à Guy de Bourbon pour la terre de Lalière. — Le 26 mai 1344, par un acte reçu et signé Jean Cherpin, notaire à Crozet, André de Vitri fit hommage pour un pré à Hugues de Châteaumorand.

André de Lalière fut nommé en 1340 sergent général du comté de Forez[2]. Ces fonctions étaient remplies d'ordinaire par des bourgeois, très rare-

---

[1] *Noms féodaux*, au mot « Chastellus » ; A. Barban, *Aveux et dénombrements*, n. 363.

[2] *Hist. des ducs de Bourbon*, t. Ier, p. 401, note 1. — Cf. t. III, *Pièces supplém.*, p. 269.

ment par des nobles, preuve nouvelle que les commencements de la maison de Vitri-Lalière ont été
fort médiocres.

V. Pierre II de Vitri, fils du précédent, est un
des anciens seigneurs de Lalière qui nous sont
connus par les titres les plus nombreux. En 1383,
noble Pierre de Lalière, damoiseau, acquiert de
Jean Cheffaut, pour la somme de vingt livres tournois, un pré au territoire de Buisson-Rond, ou Bosrond, de la censive de Tachon de Gléné[1], à qui sont
dus deux deniers par an de redevance. — Le 23 janvier 1386 (n. s.), il reçoit le dénombrement des
hommes de la terre de Lalière.

En 1389, Pierre de Vitri, damoiseau, seigneur
de Lalière, pour exécuter les dernières volontés de
son père André de Vitri, damoiseau, autrefois seigneur de Lalière, et en présence de son fils Philippe de Vitri, fonde une messe annuelle dans
l'église de Saint-Martin-d'Estreaux, entre les mains
de Pierre de la Périsse, curé de cette paroisse.

En 1390, Etienne Belin, paroissien de Saint-
Pierre-Laval, reconnaît qu'il doit à noble Pierre de
Lalière, seigneur dudit lieu, trois sols, six deniers
et une obole, à raison d'une vente de seigle. — Le
16 avril 1393, Tachon de Gléné, bailli de Bourbonnais, mande au châtelain de Billy, et à tous
autres justiciers et officiers du duc, que, vu l'absence
de celui-ci, il met Pierre de Lalière, écuyer, sous
la sauvegarde de monseigneur le duc, pour le main-

[1] C'est celui que la *Chronique du bon duc Loys* appelle « le bon
bailli de Bourbonnais. »

tenir dans la paisible possession d'une terre récemment acquise par lui dans la paroisse de Saint-Pierre-Laval. — La même année, le dimanche avant Noël, Pierre de Vitri, seigneur de Lalière, donne un domaine à cens à Jean Méplain, de Sail, moyennant vingt-cinq sols, cinq bichets de seigle, cinq bichets d'avoine, et trois gelines de rente annuelle.

Pierre II eut au moins deux enfants :

    1° Philippe de Vitri, qui suit;
    2° Marguerite de Vitri, mariée à Pierre des Borbes, écuyer, paroissien de Lubié, près La Palisse[1].

VI. PHILIPPE DE VITRI, fils du précédent. C'est peut-être ce Philippe de *Laulères*, qui, dès l'année 1386, est mentionné, avec beaucoup d'autres gentilshommes, dans une montre d'armes de Hugues de Châteaumorand[2]. Pour nous en tenir à ce qui est certain, le 24 mai 1404, noble homme Philippe de Lalière, seigneur dudit lieu, en présence de Hugues de la Périsse, clerc, et d'autres paroissiens de Saint-Martin-d'Estreaux, achète de Jean de Puyclamand, de Crozet, divers fonds de la censive de Château-morand. — Le 30 juillet 1408, il révoque tout procureur nommé par lui pour la gestion de ses affaires. — Au mois de février 1442 (n. s.), Philippe de Lalière, écuyer, donne à cens perpétuel divers héritages. — Le 16 mars de la même année, Jacques de Chabannes,

---

[1] Actes des 19 et 24 juin 1430, dans un protocole conservé aux archives de Châteaumorand.
[2] Voy. le *Roannais illustré*, V° série, p. 52

maréchal et sénéchal de Bourbonnais, délivre un *debitis* à Philippe de Lalière, et ordonne d'apposer les brandons ou panonceaux de monseigneur le duc de Bourbonnais sur les biens de ses débiteurs récalcitrants[1].

Philippe de Vitri avait épousé Luques de Chantellot, sœur de Pierre Duc, dit de Chantellot, seigneur de la Chaize[2]; il eut au moins trois enfants de ce mariage :

1° André de Vitri, qui suit ;

2° Jean de Vitri, prieur de Ris en Auvergne, et de Saint-Germain-des-Fossés en Bourbonnais ;

3° Catherine de Vitri, religieuse à l'abbaye de Cusset[3].

Il fit son testament le 6 mars 1447 (n. s.). Par cet acte, il réglait minutieusement l'ordre à suivre pour sa sépulture et sa quarantaine, fondait une pré-

[1] Un inventaire des titres de Lalière, à Châteaumorand, analyse un acte, du 24 août 1418, par lequel *Pierre*, seigneur de Lalière, acquiert le bois Chassenay. Le nom est faux, ou la date erronée ; car il faudrait supposer que le Philippe de Vitri de 1442 est distinct de celui de 1401 et de 1408, puisqu'il y aurait entre eux un Pierre III de Vitri. Or, il n'est pas possible d'établir cinq degrés généalogiques depuis et y compris André II de Vitri, mort en 1814 au plus tôt, et probablement beaucoup plus tard, jusqu'à ce Philippe de Vitri qui est mentionné en 1412 ; il serait encore plus absurde de supposer un degré intermédiaire entre un Philippe de Vitri, qui vit en 1408, et un autre Philippe qui, dès 1437, comme on le verra, avait déjà un fils écuyer tranchant de Philippe de Bourbon

[2] Commune du Breuil, canton de La Palisse (Allier).

[3] En 1460, vivait un « Philibert de Larrière », sacristain de Cluny et prieur de Villeneuve. C'est très probablement un autre enfant de Philippe de Vitri (Voy. l'*Inv. des Archives du Rhône*, E. 1518 et 1519).

bende dans l'église de Saint-Martin-d'Estreaux, sous la charge d'une messe tous les samedis, faisait un legs à sa fille Catherine, instituait pour héritier universel son fils André, et désignait, pour ses exécuteurs testamentaires, Jean de Vitri, son autre fils, et Pierre des Borbes, son beau-frère.

Philippe de Vitri est quelquefois mentionné dans les comptes de Châteaumorand, comme un des familiers du château. Si son fils André est sorti de l'obscurité où la maison de Vitri avait vécu jusque-là, peut-être faut-il attribuer cette fortune nouvelle à la haute influence de Jean de Châteaumorand. Quand celui-ci, dont le crédit était tout-puissant à la cour de Bourbonnais, faisait entrer au conseil ducal Jean de Chaugy, son neveu, et Odart Clépier, de Crozet, il ne serait pas étonnant qu'il eût protégé les débuts d'André, fils de son ami et voisin Philippe de Lalière.

VII. André III de Vitri, seigneur de Lalière et en partie de Saint-Marcel-d'Urfé. Avec lui, nous sortons enfin de l'obscurité des origines. Dès l'année 1437, certainement jeune encore, André ou Andrieu de Lalière était attaché, en qualité d'écuyer tranchant, au service de Philippe de Bourbon[1], second fils de Charles Ier, duc de Bourbonnais, et d'Agnès de Bourgogne. Le prince n'était âgé que de huit ans[2]; mais il avait déjà sa maison

[1] *Hist. des ducs de Bourbon*, t. II, p. 205, note.
[2] Il résulte d'une note insérée dans le protocole de Jean Miard, qui est aux archives de Châteaumorand, que Philippe de Bourbon, seigneur de Beaujeu, est né le 11 février 1429 (n. s.).

particulière à la cour de son oncle Philippe le Bon, duc de Bourgogne, auprès duquel il était élevé. Il est probable qu'André de Vitri fut nommé peu après écuyer d'écurie de madame la duchesse de Bourbon, titre fort envié, qu'il garda longtemps, et dont il jouissait encore en 1469[1].

Le duc de Bourbon créa, le 5 janvier 1455, la charge de capitaine du Châtelard en Bresse, et la donna le même jour à André de Lalière, aux gages de trente livres par an, dont la moitié devait être payée par le trésorier du duc, et l'autre moitié par les habitants de la châtellenie[2]. André occupa ce poste très peu de temps. Quelques mois plus tard, le 25 mai 1455, il fut nommé aux fonctions de capitaine et châtelain de Châtelneuf-en-Forez, vacantes par la mort d'Auber du Chevalar, et en prit possession le 9 juin, après avoir prêté le serment d'usage[3]. Selon toutes les apparences, André continua régulièrement sa carrière administrative ; car il était, en 1463, gouverneur ou lieutenant général de la baronnie de Roannais pour le duc Jean II[4]. Il garda cet emploi jusqu'à sa mort, et fut remplacé par Guillaume de la Queilhe.

En somme, il faut l'avouer, ces emplois ne le distinguent pas de vingt autres officiers de la même

---

[1] Le 12 avril 1469, André, seigneur de Lalière, écuyer d'écurie de madame la duchesse de Bourbonnais, est maintenu dans ses droits sur certaines vignes et certain étang sis à Céron (Saône-et-Loire).

[2] Arch. nat., P. 1367[1], c. 1517 ; Valentin-Smith et Guigue, *Bibl. Dumbensis*, t. II, *Complément*, p. 91, et note.

[3] Arch. de la Loire, B. 1844 (fol. 22, v°).

[4] *Hist. des ducs de Bourbon*, t. II, p. 260. — Cf. A. Bernard, *Hist. du Forez*, t. II, p. 58.

époque, comme lui zélés serviteurs de la maison
de Bourbon. Mais son nom est mêlé d'une manière
intime au curieux épisode littéraire qui nous est
connu par *Les Douze Dames de Rhétorique*. Ce livre
singulier, publié par Bâtissier en 1838[1] avec un
grand luxe typographique, d'après deux manuscrits
de la Bibliothèque nationale[2], est une correspondance en prose et en vers entre quatre personnages
des cours de Bourbonnais et de Bourgogne : Jean
Robertet, père du célèbre Florimond Robertet, André de Vitri, Antoine de Montferrand, gouverneur
de Jacques de Bourbon, et Georges Chastellain,
orateur et historien officiel de la cour de Bourgogne.
Il nous suffira de rappeler en quelques mots le sujet
de ces lettres, où il y a comme un avant-goût du
bel esprit de la Renaissance. André y joue le rôle
le moins important; on verra cependant qu'il par-
tageait les goûts littéraires de ses amis, et s'in-
téressait à leurs doctes futilités.

Jean Robertet était encore à peu près inconnu;
Chastellain, au contraire, remplissait toute la
France de sa prodigieuse renommée, qui nous
semble un peu surfaite aujourd'hui. Robertet désirait vivement entrer en commerce littéraire avec un
homme qui était alors dans tout l'éclat de sa répu-
tation ; mais il n'osait s'enhardir jusqu'à écrire
lui-même à Chastellain, *cette grosse cloche si hault*

---

[1] *Les Douze Dames de Rhétorique*, publiées pour la première fois
d'après les manuscrits de la Bibliothèque royale, avec une introduction
par Louis Bâtissier, et ornées de gravures par Schall, *Moulins*, 1838,
in-4°.

[2] Sur un autre man. qui est à la bibl. de Munich, voy. *Bibl. de
l'Ec. des Chartes*, janvier-avril 1892.

sonnant. Il fit donc négocier cette affaire, importante à ses yeux, par Antoine de Montferrand. Soit que ces premières tentatives n'eussent pas abouti, et que Georges Chastellain eût dédaigné les avances de cet obscur scribe de la chancellerie bourbonnaise, soit que Robertet ne crût pas inutile de faire agir plusieurs influences à la fois, il écrivit à André de Lalière[1], le supplia d'obtenir pour lui un regard et quelques vers du grand homme, et le chargea de remettre à Chastellain un épitre de sa composition : « Monseigneur de la Rière, lui écri-
« vait-il, je me recommende à vous tant et de si
« bon cueur que faire je puis ; mais pourquoy vous
« escrips-je maintenant, quant j'ay tant attendu ?
« Au fort, il vault mieux tard que jamais. Combien
« que paravant ne maintenant je ne vous sçauroye
« que rescripre, ne n'eusse sceu, pour ce qu'il n'y
« a eu de quoy en mon endroit, sinon que je me
« suis advisé de me recommender à vous par lettre,
« doubtant que tous les messages prétéritz par les-
« quels vous avoye envoié mil bons saluts, les
« eussent en chemin despendus ou prodigalement
« ailleurs bailliés. En oultre, j'ay esté en aucun
« temps en la case nostre en repos, durant une
« partie de la brumal froidure ; et de là, *recordatus*
« *sum verbi quod mihi dixit* mons. de Montfer-
« rant, vostre ennemi non mortel, c'est à sçavoir
« qu'il se faisoit fort de moy envoier aucune insigne
« euvre du très copieux coffre de Georges, et de son
« éloquence procédant, dont tant suys, comme

---

[1] La lettre porte cette suscription : « A Monseigneur de la Rière, escuier d'escurie de Madame de Bourbon. »

« sçavez, désireusement affamé. Et en milieu de
« mon oyseuse, pour sattisfaire à l'ennortation de
« mondit seigneur de Montferrant, j'ay fait une
« petite épistre audit George de la première em-
« painte de mon povre engin, laquelle envoye par
« ce porteur, affin que par vous deux soit vue ; et
« se digne n'est d'estre baillée, dont fort je doubte,
« au moins vous cognoistrerez que, se j'avois le
« sens et bien de savoir faire, je ne plainderoye
« point ung peu de paine pour honnourer cellui qui
« en est digne. Etc.

   « Escript à Dags, le premier jour de mars.

      « Vostre serviteur et amy,

             « ROBERTET. »

Nous avons cité ce fragment, pour donner une
idée du ton et du style de cette correspondance.
Ces hommes si habiles aux affaires, qui savaient
rédiger un acte avec tant de précision, tournaient
tout de suite à l'obscurité et au mauvais goût,
quand ils se mêlaient de toucher à la littérature. La
langue de Chastellain lui-même, dès qu'il veut être
autre chose qu'un historien, n'est guère moins
bizarre et moins prétentieuse que celle de Robertet.

Chastellain refusa d'abord, paraît-il, de répondre
à Robertet. Il se plaignit même à Montferrand et à
Lalière, avec une feinte modestie, de l'avoir exposé
à se mesurer avec un jeune homme de si grande
espérance. Montferrand prit alors le parti de répondre pour Chastellain, et c'est ici qu'apparaît la
fiction des douze dames de rhétorique, imitée des
Noces de la Philologie et de Mercure, de Martianus

Capella. Montferrand suppose qu'il a trouvé dans son jardin les douze dames, chacune avec son étendard symbolique, et il envoie à Robertet le récit de cette rencontre, et la description des étendards. Cette fois Chastellain se relâche de sa rigueur, et ajoute à l'œuvre de Montferrand une belle épître en vers pour Robertet. Celui-ci est enfin au comble de la joie, et sans retard il prie Montferrand et Lalière de remercier Chastellain, — ce génie supérieur à Térence, égal à Tite-Live et à Homère! — de s'être abaissé jusqu'à lui : « Je demeure scabelle sous son pié, écrit-il à Lalière, « vous priant que « me recommandez très humblement à lui et audit « seigneur de Montferrant, et vous me aurez tous-« jours en grâce, et à Dieu vous dy qui vous ottroie « joye parfaite. » C'est le dernier mot de cette correspondance, qui restera du moins comme un monument unique du dilettantisme littéraire au XVᵉ siècle.

André de Vitri avait épousé, vers 1458, Isabeau de Saint-Marcel[1], de la maison de Galles ou de Raybe, et sœur de Claude de Saint-Marcel, doyen de Notre-Dame de Montbrison[2]; elle apporta à la

---

[1] Ce mariage eut lieu du moins avant le 5 avril 1460 ; ce jour-là, Jean de Vitri, prieur de Ris, et André de Vitri, écuyer, seigneur dudit lieu, furent à l'abbaye de Bonlieu, où Jeanne et Marie, sœurs d'Isabeau de Saint-Marcel, recevaient des prébendes (Archives de Saint-Marcel-d'Urfé, *Inv. Jacob*, 61 ; communiqué par M. le marquis d'Albon).

[2] D'après Le Laboureur (*Les Mazures*, t. II, p. 567), André de Vitri, fils de Philibert de Vitri, seigneur de Lalière, et d'une fille de la maison de Saint-Marcel, aurait épousé Catherine de Talaru la jeune. Tout est faux dans ce renseignement, qui brouille et confond trois degrés généalogiques de la maison de Vitri. — Isabeau de Saint-Marcel est mentionnée dans plusieurs documents des archives de Châteaumorand.

maison de Lalière ses droits sur la seigneurie de Saint-Marcel-d'Urfé. André en eut quatre enfants :

1° Brémond de Vitri, seigneur de Lalière, qui suit ;

2° Jacques de Vitri, chancelier de Bourbonnais ;

3° Anne de Vitri, probablement religieuse ;

4° Catherine de Vitri, mariée à Jean de la Palud, seigneur de Jarnosse, mère de Hugues de la Palud, chanoine-comte de Lyon [1].

André de Vitri est mort avant le 21 septembre 1472 [2]. Le 14 mai 1482, un ajournement à comparaitre devant la cour des aides fut signifié à Mᵉ Jean de la Goute, à Moulins, en vertu de lettres de commission présentées par Isabeau de Saint-Marcel, veuve d'André de Lalière, tutrice de Jacques, Anne et Catherine de Lalière, ses enfants mineurs, et par Philibert de Saint-Didier, curateur de Brémond de Lalière, aussi fils d'André et d'Isabeau.

Avant de poursuivre la série chronologique des seigneurs de Lalière, il est nécessaire de nous arrêter un instant sur le second fils d'André de Vitri. Jacques de Vitri, docteur en droit civil et canonique, maitre des requêtes, puis chancelier des provinces de Bourbonnais, d'Auvergne et de

---

[1] Arch. du Rhône, *Actes capit. de Saint-Jean*, liv. XXXIV, fol. 179 et suiv. (Preuves de noblesse de Hugues de la Palud).

[2] Coste, *Essai sur l'hist. de Roanne*, p. 145. — Mais M. Coste l'appelle, je ne sais pourquoi, André de Ferrières, au lieu d'André de Lalière.

Forez, protonotaire du Saint-Siège, prieur de Ris[1], chanoine-comte de l'église de Lyon, doyen de Notre-Dame de Montbrison, est à tous égards un personnage considérable des premières années du XVIᵉ siècle.

Nous ne savons à quelle époque il reçut le prieuré de Ris en Auvergne; c'était une sorte de fief héréditaire dans la famille de Lalière, car Jean de Vitri, son oncle, l'avait déjà possédé, et un autre Vitri, son neveu, l'obtint un peu plus tard. Quant à sa prébende canoniale de Saint-Jean de Lyon, Jacques de Vitri employa une partie de sa vie à en faire la conquête, et cet épisode n'est pas un des moins curieux de l'histoire du célèbre chapitre. Le 24 octobre 1492, le canonicat vacant par la renonciation de Gurel de la Rathe avait été conféré à Jacques de Vitri, malgré l'opposition du doyen et de deux autres chanoines. Le 14 novembre suivant, Antoine de Feurs, conseiller au Parlement de Paris et archidiacre de Mâcon[2], exposa que cette prébende lui avait été donnée par le pape, et fit sommer le chapitre d'avoir à le recevoir dans le délai de six jours. Le chapitre répondit qu'il était le très humble serviteur de Sa Sainteté, et qu'il avait toujours été prêt à lui obéir, mais qu'Antoine de Feurs ayant une partie en la personne de Jacques de Vitri, c'est entre eux que ce différend devait être vidé.

---

[1] Selon Renon (*Chron. de Notre-Dame d'Espérance*, p. 184), il aurait été aussi prieur de l'Hôpital-sous-Rochefort; nous doutons que ce renseignement soit exact. — Aubret (*Mém. pour servir à l'hist. de Dombes*, t. III, p. 186) le qualifie de son côté « abbé de l'Ile »; nous faisons encore ici les mêmes réserves.

[2] Il fut depuis doyen du chapitre, et devint évêque de Nevers.

L'affaire fut portée devant la juridiction des maîtres de requêtes, où elle traîna longtemps. Antoine de Fours obtint enfin une sentence à son profit, avec des lettres exécutoires, et pendant que Jacques de Vitri se portait appelant, son compétiteur, sans attendre que le parlement fût saisi de la cause, se hâtait de faire examiner ses témoins, et était reçu le 22 septembre 1499. Malgré des lettres patentes de Louis XII[1], qui ajournaient les parties devant le parlement pour entendre son arrêt définitif, le canonicat contesté demeura acquis à Antoine de Fours. Mais sur ces entrefaites, une autre prébende s'étant trouvée vacante, le chapitre l'offrit à Jacques de Vitri qui, peut-être par dépit, ne voulut pas l'accepter. Le 12 septembre 1500, nouvelle élection, fort mouvementée cette fois, et évincement de Jacques de Vitri. Pour abréger cette longue histoire, il obtint et accepta, le 20 mai 1501, la prébende canoniale de Jacques de Semur[2]. Mais ce qui achève de donner un air de singularité à cette élection laborieuse, c'est qu'on ne trouve nulle part les preuves de noblesse de Jacques de Vitri, et cependant, lorsqu'il fut plus tard remplacé dans son canonicat par Hugues de la Palud, fils de sa sœur Catherine de Vitri, on déclara qu'il était

---

[1] L'original de ces lettres patentes, qui sont du 10 octobre 1499, est aux archives de Châteaumorand.

[2] On peut voir de très longs détails sur cette affaire dans les *Actes capit. du chap. de Saint-Jean* (Arch. du Rhône), livre XXIX, fol. 105, 115, 309, et livre XXXI, fol. 33, 76, 89, 161. — Cf. E. 2236, p. 115, et 2238, p. 101. — Sur la proposition d'Ant. Annequin, Jacques de Vitri fut nommé hôtelier (*hostellarius*) de l'église de Lyon (*Actes capit.*, t. XXXII, fol. 95, v°).

inutile de poursuivre la recherche de noblesse du
côté maternel, la preuve ayant été déjà faite pour
Jacques de Vitri[1].

Celui-ci devint doyen du chapitre de Notre-
Dame de Montbrison par la résignation *in ex-
tremis* de son oncle Claude de Saint-Marcel,
mort vers la fin du mois d'août 1509[2]. La Mure
nous apprend que « entre autres titres où le nom
du doyen Jacques de Vitri se lit, » il y en a de
l'année 1510 et de la suivante 1511[3]. Au reste,
son décanat était un titre honorifique plutôt
qu'une fonction réelle. Il venait bien rarement à
Montbrison, et n'était guère plus assidu aux as-
semblées du chapitre de Lyon, où on ne relève
sa présence qu'à de longs intervalles. Appelé par
la confiance de la duchesse Anne de France à
jouer un rôle important dans le gouvernement de
ses domaines, il résidait d'ordinaire à Moulins;
mais il venait quelquefois se délasser de ses
travaux au château de Lalière.

Comme André de Vitri, son père, et Brémond,
son frère aîné, il s'attacha de bonne heure au
service de la maison de Bourbon, grâce au crédit
de laquelle, sans doute, il put accumuler sur sa
tête tant de titres ecclésiastiques. Jacques de
Vitri, en 1503, était un des quatre maîtres des
requêtes de la cour de Bourbonnais, et c'est en
cette qualité qu'il prit place au cortège funèbre

[1] *Actes capit.*, liv. XXXIV, fol. 179 et suiv.
[2] Renon, *Chron. de N.-Dame d'Espér.*, p. 181 et 184.
[3] *Catal. d'illustres*, réimprimé dans Renon, p. 560. — Cf. l'*Astrée
Sainte*, l. III, chap. 25.

du duc Pierre II. On est surpris de n'y pas voir figurer le chancelier, ce qui nous fait croire que cette charge était restée sans titulaire depuis le décès d'Hector de Bourbon, mort archevêque de Toulouse, l'année précédente ; elle fut donnée à Jacques de Vitri au moins dès l'année 1505[1]. Le chancelier était un des premiers fonctionnaires de la cour ducale, et même il semble qu'il avait le droit, en l'absence du duc, de présider le conseil[2].

Jacques de Vitri a été, pendant dix ans, un des principaux agents du gouvernement de nos ducs. Le 8 septembre 1508, il reçut la procuration de Charles III, pour racheter en son nom, de Louis de la Trémoille et de Gabrielle de Bourbon-Montpensier, les terres de Champeix, Saurier et Fromental dans la Basse-Auvergne[3]. Nous ne dirons rien d'autres affaires moins importantes auxquelles il fut mêlé[4].

Il fut chargé en 1512 de deux négociations très intéressantes. Etant alors malade au château de Lalière, il prépara et écrivit de sa main un projet de transaction entre les duchesses de Bourbon[5] et Antoine d'Albon, abbé de l'Ile-Barbe, au sujet des limites de leur juridiction et de leurs droits

---

[1] Voy. l'acte du 27 sept. 1505, mentionné plus loin dans la notice de Brémond de Vitri.

[2] Le P. Anselme, *Hist. généalog.*, t. I, p. 312 (Hector de Bourbon).

[3] Voy. les *Titres de la mais. duc. de Bourbon*, n. 7776. Cf. n. 7060, 7777, 7779 et 7781.

[4] Voy. *Ibid.*, n. 7892, transaction du 27 mai 1512 avec Ant. des Serpents, seigneur de Commières, au sujet d'une écluse sur la Loire. — Voy. aussi n. 7731 ; etc.

[5] Anne de France et sa fille Suzanne de Bourbon.

sur la rive gauche de la Saône, « du côté de l'empire. » Les deux parties se firent des concessions réciproques, et l'accommodement fut signé le 31 août 1512 ; Aubret, dans ses *Mémoires pour servir à l'histoire de Dombes*[1], a fait de ce traité une longue analyse à laquelle nous renvoyons nos lecteurs.

L'acte du 31 août n'était d'ailleurs considéré que comme le prélude d'une autre convention plus importante encore, qui devait mettre fin aux éternelles contestations des ducs de Bourbon avec le chapitre et l'archevêque de Lyon. On peut dire que, depuis la donation de la Dombes faite à Louis II par Édouard de Beaujeu, les querelles, soit au sujet de la juridiction sur quelques terres limitrophes, soit au sujet de certains hommages réclamés par l'église de Lyon et refusés par les ducs, n'avaient jamais cessé. La question des hommages occupa même le concile de Bâle[2] ; elle fut enfin à peu près résolue. Mais le voisinage de la Dombes et du Franc-Lyonnais faisait naître tous les jours de nouveaux conflits de juridiction entre les officiers des ducs et ceux de l'archevêque et du chapitre. Pour terminer ces difficultés, les deux parties nommèrent des fondés de pouvoir qui se réunirent à Lyon. Le duc Charles III de Bourbon, Suzanne, sa femme, et Anne de

[1] T. III, p. 186 et suiv. — Seulement Aubret semble croire que le chanceller de Bourbonnais qui termina cette affaire serait un autre que Brémond de Vitri, qui en avait préparé le projet ; c'est une erreur évidente.

[2] Voy. le *Catal. de la bibl. lyonn.* de M. Coste, n. 2203 et 2204.

France, dame de Beaujeu, s'étaient fait représenter par Jacques de Vitri « docteur en chacun droit, chancelier de Bourbonnais, chanoine de l'église de Lyon, et doyen de Notre-Dame de Montbrison », Philippe de Châtillon, juge de Forez, Jean de Colonges, lieutenant général de la sénéchaussée d'Auvergne, Jean Palmier, juge d'appeaux du comté de Forez, Antoine de Seurre, lieutenant dudit juge d'appeaux, Philippe du Crozet, maître des forêts, Guillaume Ponceton, procureur général du duc et des duchesses de Bourbon, et Me Giliquin, avocat. Les conférences, où les délégués de la cour de Bourbonnais apportèrent un grand esprit de conciliation, aboutirent au traité du 4 septembre 1512[1], qui fut homologué en parlement le 7 avril 1513[2]. Cette convention fixa pour toujours les limites de la Dombes et du Franc-Lyonnais.

Il est très probable que, après le décès de son frère aîné, en 1509, Jacques de Vitri avait été désigné comme tuteur des enfants de Brémond, et que l'administration de leurs biens l'obligea, pendant les dernières années de sa vie, à résider souvent à Lalière. En tout cas, c'est là qu'il mourut, au mois de janvier 1515[3]. Peu de jours

---

[1] Le texte de cette très longue convention est aux archives nat., P. 1367[1], c. 1520, et aux arch. du Rhône, *Actes capit. de Saint-Jean*, t. XXXIII, fol. 168 et suiv. — Cf. Aubret, *l. cit.* ; La Mure-Chantelauze, t. II, p. 517, note.

[2] Arch. nat., P. 1388[2], c. 43.

[3] *Actes capit. de Saint-Jean*, livre XXXIV, fol. 165 et 166. Cf. *ibid.*, fol. 170. — La Mure (t. II, p. 521), qui ne ramène pas au nouveau style les dates antérieures à la fête de Pâques, dit à tort que Jacques de Vitri est mort en 1514. Renon (p. 187) a répété la même erreur. — La Mure a commis une autre erreur, en disant que Jacques de Vitri était seigneur de Lalière.

auparavant, par une donation entre vifs passée
devant M° Papon, il avait abandonné à son neveu
Jean de Vitri, absent, le notaire stipulant et
acceptant pour lui, tout ce qu'il pouvait avoir à
réclamer sur les biens de son frère Brémond, et
tous les droits à la seigneurie de Saint-Marcel-
d'Urfé qu'il tenait de sa mère Isabeau de Saint-
Marcel [1].

Je ne puis omettre, en finissant cette notice
sur un Forézien jusque-là si peu connu, un fait
assez indifférent au premier abord, mais qui nous
donne quelque ouverture sur les goûts littéraires
de Jacques de Vitri. Son père André, on l'a vu,
avait été une sorte de bel esprit. Jacques paraît
avoir cultivé cette philosophie mystique, nuageuse,
pleine de rêveries, qu'on supposait puisée dans les
écrits d'Hermès. C'est du moins ce qu'on peut
conjecturer d'une épître dédicatoire de Sympho-
rien Champier, où celui-ci fait hommage de son
livre *De la Triple Discipline*, qui parut en 1508 [2],
à Jacques de Vitri « jurisconsulte dans les deux
droits, très digne comte dans l'église de Saint-
Jean-Baptiste, et chancelier de Bourbonnais,
homme très érudit » [3]. La façon même dont
Champier lui expose ses idées et sollicite ses con-
seils et ses corrections semble prouver que Jacques

[1] Cet acte est du mois de janvier 1515, n. st. (Arch. de Châteaumorand).

[2] *Simphoriani Champerii, de triplici disciplina* (Lyon, chez
Cl. Davost, 1508, in-8°, goth.).

[3] *Epistola prohemialis theologie trimegistice prima. Magnifico
Domino Jacobo de Vitri, etc.* — Le catalogue de la vente Nouvellet
(p. 158) imprime à tort « Jacques de Vitré. »

de Vitri n'était pas seulement pour lui un protecteur en crédit, mais encore un érudit, tout au moins un amateur qui ne dédaignait pas ces spéculations hasardeuses, et leur consacrait quelques-uns des loisirs que lui laissaient les affaires.

Trois ans après la mort de Jacques de Vitri, une médaille commémorative fut frappée en son honneur. Le chancelier de Bourbonnais y est représenté de profil, la tête couverte du bonnet doctoral ; au-dessous, la date de 1518. Au revers, un ange enlevant au ciel un écu aux armes de la maison de Lalière, avec cette légende : *Non confundas me ab expectacione mea.* Cette médaille, d'une extrême rareté, a été probablement frappée par Jéronyme Henry, orfèvre et médailleur à Lyon[1].

VIII. BRÉMOND DE VITRI[2], seigneur de Lalière, du Bois-d'Oingt, et en partie de Saint-Marcel, est né vers l'an 1460. Il marque l'apogée de la maison de Lalière, qui compta un instant, au commencement du xvi° siècle, parmi les premières du Forez. Brémond paraît s'être partagé entre le service du roi et celui des ducs de Bourbon ; mais il est difficile d'ailleurs de suivre exactement sa carrière politique. Il dut entrer fort jeune dans l'administration ; car, en 1493, après avoir rempli, sans

---

[1] Cette médaille a été gravée deux fois, dans le *Museum Mazzuchellianum*, t. Ier, pl. VI (avec la date erronée de 1515), et dans le *Trésor de Numismatique*, méd. franç., 1re partie, pl. XLIII. — Voy. sur ce sujet un excellent article de M. Natalis Rondot, dans la *Revue du Lyonnais*, Ve Série, t. XIV, p. 168 et suiv.

[2] Il est probable qu'il eut pour parrain Brémond de Lévis, baron de Châteaumorand.

doute, d'autres emplois subalternes, il était déjà
conseiller du roi, capitaine de la tour du pont d'Avignon, et *maître des ports et passages* dans la sénéchaussée de Beaucaire[1].

Il fut nommé, le 8 juin 1505, garde pour le
roi des Ponts-de-Cé en Anjou, charge purement
fiscale, à ce qu'il semble, mais d'une assez grande
importance, les Ponts-de-Cé étant un des principaux passages du royaume. Cependant cet office
n'obligeait pas à résidence personnelle, puisque, le
27 septembre de la même année, Jacques de Vitri,
chancelier de Bourbonnais, agissant au nom de
son frère Brémond, passait à Angers une convention avec Jean Bretault, et lui déléguait pour trois
ans la charge de « lieutenant et commis à l'exercice
« dudict office de garde audict lieu de Pont-de-
« Sée, pour icelui office régir, exercer et gouverner
« au nom dudict seigneur de Larière, comme son
« commis, et en ensuyvant les ordonnances sur
« ce faictes par le roy en son grand conseil » le
22 mai 1370, avec l'obligation pour Bretault de
porter ses comptes une fois arrêtés, clos, signés
et approuvés par la Chambre des Comptes de Paris,
« jusques en la ville de Moulins en Bourbonnoys
« audict seigneur de Larière en son logeys[2] ».
C'est tout ce que nous avons pu découvrir des

---

[1] Certification de Brémond de Larière, du 14 août 1493 (Bibl. nat.,
cab. des titres, *Pièces orig.*, au mot *Larière*). — Le capitaine ou garde
du pont d'Avignon était commandant d'une forteresse construite
à la tête du pont, du côté du royaume, et dont il ne reste plus
qu'une tour.

[2] Cet acte curieux et d'un réel intérêt historique est aux archives
de Châteaumorand.

fonctions remplies par Brémond de Vitri dans l'administration royale.

Son rôle à la cour du Bourbonnais et dans le gouvernement des vastes domaines de la maison de Bourbon a été bien autrement considérable, et tout semble prouver qu'il fut l'homme de confiance et le conseiller écouté de Pierre II et de sa veuve, la duchesse Anne de France. Il était déjà fort estimé du duc en 1495, quand celui-ci, lieutenant général du royaume, lui fit délivrer, sur le trésor des guerres, une somme de 350 livres pour accompagner en Italie le prince d'Orange[1], qui allait secourir le duc d'Orléans, enfermé dans Asti. Pendant que Charles VIII, après avoir poursuivi jusqu'à Naples sa marche triomphale, se préparait au retour, la Ligue de Venise se formait derrière lui, et le duc d'Orléans, resté à portée de la frontière pour conserver les communications avec la France, compromettait la retraite par une attaque imprudente contre Ludovic Sforza, et se laissait envelopper dans Asti. De là, il écrivit lettres sur lettres au lieutenant général, qui se décida enfin à lui envoyer quelques troupes[2]. Jean de Châlon, prince d'Orange, et le seigneur de Lalière faisaient partie d'une de ces expéditions de secours organisées à la hâte. Charles VIII, par la victoire de Fornoue, brisa la barrière de fer qui lui fermait le passage, et dégagea le duc d'Orléans ; le 7 novembre 1495, il faisait son entrée à Lyon.

[1] Mandement du 20 juin 1495, dans la coll. Gaignières, 898[1].
[2] Voy. La Mure-Chantelauze, t. II, p. 411, note.

Il est probable que Brémond de Vitri fut admis peu après au conseil ducal. Le 21 mars 1501, il assista aux fiançailles de Charles d'Alençon et de Suzanne de Bourbon, fille de Pierre II et d'Anne de France. Le roi Louis XII vint à Moulins tout exprès pour ce projet de mariage, qui d'ailleurs ne devait jamais recevoir son exécution, et il y donna ses lettres patentes, où sont nommés, à la suite des grands personnages qui furent présents à cette cérémonie, les principaux officiers de la cour de Bourbonnais, entre autres Brémond, écuyer, seigneur de Lalière[1].

Le 27 mai 1503, le duc de Bourbon, en prévision peut-être de sa fin très prochaine, voulant laisser à Brémond un témoignage particulier de son affection, donna le mandement suivant; c'est un des derniers actes qu'il ait signés de sa main : « Pierre, duc de Bourbonnois et d'Auvergne, « comte de Clermont, de Forest, de la Marche, etc. « A nostre ami et féal conseiller et trésorier « général de noz finances maistre Philippe Billon, « salut et dilection. Savoir vous faisons que, pour « considération des bons et recommandables ser- « vices que nostre ami et féal conseiller et cham- « bellan Brémont de Larière, seigneur dudict lieu, « nous a faiz et fait faire... A iceluy, pour ces causes « et autres à ce nous mouvans, avons donné et « octroyé, donnons et octroyons par ces présentes « tous les blez, tant froment, soigle, avoyne, poix, « febves que autres grains quelzconques, ensemble

<hr>

[1] Arch. Nat., P. 1305[1], c. 1391. — Cf. Huillard-Bréh., n. 7523; La Mure, t. II, p. 457, note.

« les poullailles, corvées et charrois pour la con-
« duite d'iceulx blez, que nous avons et nous sont
« deuz en nostre seigneurie et chastellenie de
« Chaveroche[1]; et les avoir et prandre par cha-
« cun an durant cinq ans, à commencer ceste
« présente année, et ce par ses mains ou celles
« de nostre receveur audict lieu, à son choix et
« élection, à quelque valeur et estimacion que les-
« dictz grains et choses dessus dictes puissent
« monter, etc. Donné à Lyon, le xxvii° jour de
« may, l'an mil cinq cens et troys. (Signé) PIERRE[2] ».

Cet acte ne mentionne pas encore la charge
de capitaine des archers de la garde ducale, que
Brémond de Vitri avait quelques mois plus tard.
Pierre II mourut à Moulins le 10 octobre 1503,
désignant pour ses exécuteurs testamentaires
Charles de Bourbon, évêque de Clermont, Mathieu, bâtard de Bourbon, gouverneur de Guyenne,
et les seigneurs d'Escars et de Lalière. Ses
funérailles furent réglées avec un soin minu-
tieux, et il fut décidé que Brémond de Lalière,
conseiller et chambellan du feu duc, et capitaine
des archers de sa garde, y remplirait l'office de
maître des cérémonies, et ferait marcher « ung
chascun, selon son ordre, pour aller au dit en-
terrement en bonne police, ainsi qu'il seroit
advisé et mys par roole ». A l'heure de l'offrande,
il vint chercher monseigneur d'Alençon, et le

---

[1] Chaveroche ou Chavroche, canton de Jaligny (Allier).
[2] Cet acte original est aux archives de Châteaumorand, ainsi que l'acte analogue de la duchesse Anne de France, mentionné plus loin.

conduisit au grand autel ; puis, accompagné de l'huissier d'armes, il mena de même à l'offrande les quatre gentilshommes du grand deuil, qui étaient les seigneurs de Listenois, de Murat, de Bressoles et Châteaumorand[1].

Brémond conserva tout son crédit auprès d'Anne de France, veuve de Pierre II. Par lettres signées de sa main, du 27 octobre 1507, elle lui continua pour cinq ans, à cause des services qu'il avait rendus à son mari, la jouissance des revenus de Chaveroche, à compter de l'expiration des lettres semblables accordées précédemment par le duc. On verra plus loin qu'Anne de France voulut donner à la maison de Lalière d'autres témoignages marqués de sa faveur et de son affection. Elle garda Brémond de Vitri dans son conseil, et l'employa dans les hautes charges du gouvernement ducal. Le seigneur de Lalière fut en effet nommé, en 1504 au plus tard, capitaine de Beaujeu et bailli de Beaujolais[2]. Il mourut sans laisser de testament, avant le mois de novembre 1509, à un âge où il aurait pu rendre encore bien des services.

Brémond de Vitri a contribué, plus qu'aucun de ses prédécesseurs, à la fortune croissante de sa maison, soit par les affaires dont il fut chargé et les fonctions qu'il occupa, soit par le constant agrandissement de ses domaines. Des actes

---

[1] Hist. des ducs de Bourbon et des comtes de Forez, t. III, Preuves fondamentales, n. 132 bis. — Cf. Godefroy, le Cérémonial de France (édit. de 1619), p. 67.

[2] Aubret, Mém. pour servir à l'Hist. de Dombes, t. III, p. 182.

nombreux prouvent que les libéralités de la duchesse
de Bourbon furent employées en partie à des
acquisitions[1] qui augmentèrent le patrimoine,
longtemps si modeste, de la famille de Lalière.

C'est Brémond, sans aucun doute, qui a
bâti la *chapelle de Lalière*, dans l'église de Saint-
Martin-d'Estreaux. En 1447, son aïeul Philippe
de Vitri demandait, par son testament, à être
inhumé au tombeau de ses ancêtres, « dans le
cimetière de Saint-Martin ». Les seigneurs de
Lalière n'avaient donc pas encore de sépulture à
eux dans leur église paroissiale. Mais, depuis
cinquante ans, leur importance avait tellement
grandi qu'ils pouvaient, sans trop d'outrecui-
dance, s'égaler presque à leurs voisins, les barons
de Châteaumorand. En 1495, Jacques de Lévis
avait fait abattre et relever la vieille chapelle des
Châtelus-Châteaumorand[2]; Brémond de Vitri, à
son exemple, fit élever, à gauche du chœur, une
construction absolument semblable, sauf quelques
détails sans grande importance. Il est au moins
certain que la chapelle de Lalière a dû suivre ou
précéder de très peu celle de Châteaumorand ;
on peut même supposer, avec la plus grande vrai-
semblance, qu'elle a été bâtie par les mêmes

[1] Les actes qui constatent les acquisitions de Brémond de Vitri,
et, après lui, de Catherine de Talaru, sa veuve, sont nombreux aux
archives de Châteaumorand. Nous en avons déjà mentionné quelques-
uns au chap. Ier ; nous nous contenterons de citer encore celui-ci :
le 10 avril 1506, avant Pâques (1507, n. st.), Jean Valet, notaire
royal, et Louise Ruland, sa femme, paroissiens de Saint-Martin-
d'Estreaux, vendent à Brémond de Lalière, écuyer, seigneur dudit
lieu, absent, le pré Thibaudières situé au terroir des Baillis.

[2] *Bulletin de la Diana*, t. VI, p. 71.

architectes, Simon Pourret et Gonin Aujay[1]. Brémond fit naturellement creuser dans sa chapelle un caveau funéraire; il existe encore, dit-on, mais absolument dissimulé par un vulgaire carrelage. Au-dessus, s'élevait un monument dont nous n'avons pu retrouver la description précise; il fut probablement supprimé au milieu du XVIIIe siècle.

La chapelle de Lalière est un ouvrage de proportions assez belles, qui se compose de deux travées, dont chacune est éclairée par une grande fenêtre à compartiments flamboyants. Des colonnes rondes, engagées, sans chapiteau, s'épanouissent en nervures d'une saillie vigoureuse[2]. Œuvre, en somme, intéressante, et qu'il serait déplorable de voir disparaître. Quand on rebâtira l'église de Saint-Martin-d'Estreaux, nous espérons bien qu'on conservera les deux belles chapelles de Lalière et de Châteaumorand, dont le nom rappelle d'ailleurs tant de souvenirs, et résume presque toute l'histoire du pays[3].

Brémond avait épousé, à une date que nous ne pouvons déterminer, même approximativement, Catherine de Talaru. Cette alliance avec une des plus illustres maisons du Forez fait voir à quel point de prospérité était alors arrivée la

---

[1] *Ibid.* — Cf. le *Roann. ill.*, Ve série, p. 166.

[2] Les colonnes de la chapelle de Châteaumorand sont au contraire polygonales, et coupées par des moulures de mauvais goût, qui tiennent lieu de chapiteau; c'est presque la seule différence de ces deux chapelles.

[3] Ces dénominations : *chapelle de Châteaumorand, chapelle de Lalière*, étaient encore d'un usage courant au temps de mon enfance; mais elles s'effacent peu à peu, et, dans quelques années, elles ne seront plus comprises.

maison de Vitri. Catherine de Talaru, après la mort de Brémond, continua d'agrandir les domaines de Lalière, grâce surtout à de nouvelles libéralités de la duchesse Anne de France. Celle-ci lui donna une rente annuelle de trois cents livres, à toucher pendant six années consécutives, soi-disant pour payer les dettes du défunt[1] ; pure formule de chancellerie, sans doute, car un homme qui achetait presque chaque année quelque terre nouvelle ne devait pas, il semble, laisser une succession embarrassée.

Catherine de Talaru survécut longtemps à Brémond de Vitri. Le 20 mai 1522, elle reçut de frère Guillaume, prieur de la chartreuse de Notre-Dame-de-Vauvert, près de Paris, pour des bienfaits qui ne sont pas spécifiés, une charte d'affiliation et de participation aux prières et bonnes œuvres de l'ordre des Chartreux[2]. Elle mourut entre 1528 et 1531.

Brémond de Vitri et Catherine de Talaru avaient eu au moins neuf enfants de leur mariage :

1° X. de Vitri, seigneur du Bois-d'Oingt. La terre du Bois-d'Oingt, en vertu du testament d'Isabelle d'Harcourt, veuve d'Humbert de Thoire-Villars, du 20 novembre 1441, avait passé dans les mains des ducs de Bourbon[3]. Jean II la donna

---

[1] Aubret, *Mém. pour servir à l'Hist. de Dombes*, t. III, p. 183.
[2] Arch. de Châteaumorand.
[3] *Titres de la maison duc. de Bourbon*, n. 5673. — Cf. Bedin, *le Fief de Prosny*, p. 41 et 46.

en 1475 à son fils naturel Pierre de Bourbon[1], qui fut chanoine et même un instant doyen du chapitre de Notre-Dame de Montbrison. Après sa mort prématurée, elle fut cédée à Mathieu, le grand bâtard de Bourbon[2], qui la garda probablement jusqu'à sa mort, arrivée, suivant La Mure, le 19 mars 1505[3] (n.s.). La seigneurie du Bois-d'Oingt rentra alors de nouveau dans les domaines de la maison de Bourbon. Cette fois, la duchesse Anne de France en disposa en faveur du premier fils né ou à naître du mariage de Brémond de Vitri et de Catherine de Talaru, avec cette clause que, s'il décédait sans postérité légitime avant ses parents, ceux-ci en jouiraient leur vie durant, et qu'ensuite elle appartiendrait à leurs autres enfants[4]. Ce fils mourut en effet de bonne heure, et la terre du Bois-d'Oingt, en conséquence de divers arrangements de famille, échut à la maison de Saint-Marcel.

2° Jean de Vitri, seigneur de Lalière, qui suit;

3° Louis de Vitri, dont la vie et les aventures sont étroitement associées à celles de son frère;

[1] *Titres de la mais. duc.*, n. 6617.
[2] *Ibid.*, n. 7289 et 7383. — Elle appartint aussi au cardinal de Bourbon (*Ibid.*, n. 6961).
[3] *Hist. des ducs de Bourbon*, t. II, p. 370.
[4] Nous devons ces détails et une grande partie de ceux qui suivent sur les enfants de Brémond de Vitri à un « avis de conseil au sujet de la dot de Catherine de Talaru » et au « contrat de mariage d'Anne de Vitri ». Ces deux pièces font partie des archives de Saint-Marcel-d'Urfé, conservées au château d'Avauges, et sont cataloguées dans l'*Inventaire Jacob* sous les n. 353 et 276. Elles nous ont été communiquées par M. le marquis d'Albon, que nous remercions ici de son extrême obligeance. — Sur l'*Inv. Jacob*, voy. l'*Invent. des arch. de la Loire*, B. 1703.

4° Jacques de Vitri. Il fut mêlé aussi au procès des complices du connétable, sans que nous puissions dire quelle part il prit à la conjuration. L'arrêt du parlement, du 13 août 1524, ordonna que Jacques de Vitri, en sa qualité de religieux, serait rendu à l'officialité du diocèse de Paris « pour lui faire et parfaire son procès ». Dans les négociations préliminaires au traité de Madrid, le connétable stipula expressément qu'il serait réintégré dans tous ses bénéfices, avec réparation de toutes les pertes qu'il avait éprouvées[1]. En effet, le roi ne se montra pas rigoureux envers lui ; car dans le contrat de mariage de sa sœur Jacqueline, daté du 7 décembre 1531, Jacques de Vitri prend les titres de prieur de Ris, des Salles, de Saint-Germain-des-Fossés et de Noalhat. En 1547, il fut nommé abbé d'Evron, au diocèse du Mans ; il ne s'occupa guère d'ailleurs de son abbaye que pour en toucher les revenus, et la fit administrer par des vicaires généraux, entre autres par Claude de Gléné et Claude de Changi, curé de Chenay. Le régime de la commende produisit, là comme ailleurs, ses effets désastreux ; l'abbaye d'Evron, qui comptait encore plus de quarante moines quelques années auparavant, sous le gouvernement de François de Chateaubriant, n'en avait plus que vingt-huit sous Jacques de Vitri[2].

[1] A. Champollion-Figeac, *Captivité de François Ier (Doc. inédits)*, n. 126.

[2] *Gallia christiana*, t. XIV, col. 490 ; Gérault, *Notice hist. sur Evron*, Pièces justific., p. 158 et suiv. ; *Cartul. d'Evron*, aux arch. de la Mayenne.

Il mourut probablement en 1555[1]. C'est à lui qu'Etienne et Louis Papon ont dédié le traité de leur père, le jurisconsulte Jean Papon, sur la Coutume de Bourbonnais[2]. Au milieu de la phraséologie et des flatteries banales qui sont de rigueur dans une lettre dédicatoire, on devine cependant que Jacques de Vitri avait rendu de bons offices aux Papons, et cela est d'autant plus naturel que le voisinage de Lalière et de Crozet avait dû amener quelques relations entre les deux familles.

5° Suzanne de Vitri, probablement l'aînée des filles. Elle épousa, par contrat du 17 novembre 1513[3], Jean de Champ-Ropin, chevalier, seigneur de Chambort. Après avoir abandonné en bonne forme, moyennant une dot à elle constituée, tous ses droits sur les terres de Lalière, de Saint-Marcel et du Bois-d'Oingt, et généralement sur tout ce qui pouvait lui revenir des biens de ses parents et de son frère aîné, elle fut ensuite relevée de cette renonciation. Suzanne eut pour sa part une partie, ou peut-être la totalité de la seigneurie du Bois-d'Oingt, qu'elle laissa à sa nièce Marguerite de Saint-Marcel, avec des legs à Suzanne de Chaugy et à Jacqueline de Chaugy, dame de Lalière, toutes deux filles de sa sœur Jacqueline de Vitri[4]. Elle avait épousé en secondes noces Gilbert

[1] Son successeur Jacques d'Apchon de Saint-Germain fut nommé abbé d'Evron le 6 octobre 1555.

[2] L'Epître dédicatoire est ainsi datée : « *Ex Paristor. Lutecia Prid. Idus Jul., anno a Christo nato 1550.* »

[3] Communication de M. Révérend du Mesnil, d'après Bibl. nat., fonds français, 22241.

[4] Arch. du château d'Avauges, *Invent. Jacob*, n. 335; Arch. de Châteaum. (Acte de procédure de l'année 1571.)

d'Audricourt, seigneur de Mortillon[1]. Suzanne n'eut aucun enfant de ses deux mariages.

6° Françoise de Vitri, religieuse de l'ordre de Saint-Benoît, peut-être à l'abbaye de Cusset ;

7° Charlotte de Vitri, aussi religieuse du même ordre ;

8° Anne de Vitri, mariée à Claude de Galles de Saint-Marcel, fils de Hugues de Galles, seigneur en partie de Saint-Marcel-d'Urfé. Le contrat de mariage, auquel furent présentes Catherine de Talaru, Suzanne et Jacqueline de Vitri, est du 13 mars 1528[2]. Anne renonçait à tous ses droits échus ou à échoir sur les terres et seigneuries de Lalière, Le Pré, Le Verger, Larochecheffaux, Le Bois-d'Oingt, et recevait en toute propriété, pour elle et son mari, la moitié de la terre de Saint-Marcel que la maison de Vitri possédait, depuis un demi-siècle environ, du chef d'Isabeau de Saint-Marcel, femme d'André de Vitri. Ainsi se trouva reconstituée par ce mariage, dans la maison de Galles, la totalité de la terre de Saint-Marcel-d'Urfé. Anne de Vitri voulut plus tard revenir sur la renonciation qu'elle avait consentie par son contrat de mariage, et confirmée ensuite de l'autorité de son mari ; mais il ne semble pas qu'elle ait donné suite à ce dessein.

9° Jacqueline de Vitri, dont il sera question au chapitre suivant.

---

[1] Arch. de Châteaumorand, acte mentionné à la note précédente. Il est question de Gilbert d'Audricourt dans un autre acte du 27 avril 1546.
[2] Voy. la page 52, note 1.

IX. Jean de Vitri, seigneur de Lalière[1]. — La conspiration du connétable Charles Bourbon est un des faits les plus importants de notre histoire. On sait comment des injures imméritées, la haine de Louise de Savoie, mère de François Ier, et surtout la menace d'une entière spoliation poussèrent un prince de la maison royale à sortir en fugitif de la France, et à faire alliance avec les ennemis de son pays. Nous savons tout ce qu'on peut dire pour excuser la défection du duc de Bourbon; cependant on oublie trop peut-être qu'il ne s'agit plus ici d'un vassal défendant son droit contre son suzerain, chose ordinaire sous le régime féodal, mais d'un homme qui, pour venger ses ressentiments privés, veut, comme le dit énergiquement Martin du Bellay, « faire la guerre dans les entrailles de la France », introduire l'Anglais et l'Espagnol dans nos provinces, et se partager avec eux le sol de la patrie. Notre intention n'est pas de raconter en détail la fuite du connétable avec toutes ses conséquences; il nous suffira de mettre en lumière le rôle qui fut joué par Lalière dans ces grands événements[2].

[1] Nous ne connaissons qu'un seul acte où Jean de Vitri agisse comme seigneur de Lalière. C'est une transaction du 19 juillet 1523 entre le seigneur de Lalière, d'une part, Humbert de Chantemerle et les habitants de Dianière, d'autre part, par laquelle ceux-ci s'obligent à payer au seigneur de Lalière, à chaque mutation de seigneur par cause de mort, cent livres pour droit de reconnaissance. L'acte original n'existe plus, croyons-nous, mais il est mentionné dans un inventaire des titres de Lalière (Arch. de Châteaumorand).

[2] Bibliographie sommaire :

Arch. nat., J. 953-956, procès civil pour la succession de Suzanne de Bourbon; U. 785-831, collection de procès célèbres (procès de Ch. de

Les principaux complices du duc de Bourbon n'ont pas été, comme il semble au premier abord, Antoine de Chabannes, évêque du Puy, Jacques Hurault, évêque d'Autun, François d'Escars, René de Bretagne, Jean de Poitiers, grands personnages qui servirent sa fortune sans savoir le dernier mot de ses desseins, auxquels il ne livra pas sa pensée tout entière, ou qui ne la connurent qu'au dernier moment. Les vrais affidés du connétable ont été, avant tous les autres, Anne du Peloux, Jean de Vitri et Philibert de Saint-Bonnet, seigneur de Lurcy, gentilshommes d'une naissance et d'une condition plus modeste, mais aveuglément dévoués à sa personne, intelligents, actifs, énergiques, prêts à tout, même à tuer le roi, ou à le conduire prisonnier avec *un chaperon en gorge* au château de Chantelle, auxquels le duc de Bourbon ne cachait rien de ses projets, et qui restaient enfermés avec lui des heures entières, tandis qu'un Chabannes attendait

Bourbon, d'Ant. de Chabannes, etc.). — Bibl. nat., Fonds Colbert, 16; 2548-2549; V͏ᵉ Colbert, 162; coll. Fontanieu, 659-661; coll. Dupuy, 38; 393; 480; 481; coll. de Brienne, 181 et suiv.; etc. Mais le vol. 481 de la coll. Dupuy peut remplacer presque tous les autres documents. — Des pièces importantes du procès du connétable et de ses complices ont été reproduites textuellement ou analysées dans Dupuy, *Traités concernant l'hist. de France*, p. 438 et suiv.; La Mure, *Hist. des ducs de Bourbon*, t. II, notes, et t. III, Pièces fondamentales, depuis 1346 jusqu'à 1354; Guiffrey, *Le procès criminel de Jehan de Poitiers*; le cᵗᵉ H. de Chabannes, *Hist. général. de la maison de Chabannes*, Preuves, t. Iᵉʳ, n. 372 et 373; *Catalogue des actes de François Iᵉʳ*, depuis le num. 1900, passim. — *L'Hist. de la maison de Bourbon*, de Marillac, les *Mémoires* de Martin du Bellay, et surtout l'*Histoire de la rivalité de Charles-Quint et de François Iᵉʳ*, de Mignet, sont indispensables aussi pour comprendre la défection du connétable de Bourbon.

à la porte. Louis de Vitri, frère de Jean, a tenu aussi sa partie dans ce dramatique épisode; mais, fort jeune encore, il est resté au second plan.

Jean de Vitri, dont la famille avait été comblée de bienfaits par les Bourbons, fut mis sans doute à leur service dès sa première jeunesse. Mais c'est en 1521, pour la première fois, qu'un témoignage certain nous le montre aux côtés du connétable. Le roi, brusquement attaqué au nord par Charles-Quint, fit appel au duc de Bourbon, qui vint au secours de la Picardie avec des troupes levées dans ses terres, et commandées par Listenois, d'Escars, Lalière, Rochebaron.

Vers le temps de cette expédition, le 28 avril 1521, la duchesse Suzanne de Bourbon mourut : ce fut le commencement des grands malheurs du connétable. Louise de Savoie, à l'instigation du chancelier Duprat, réclama pour le roi les domaines de la maison de Bourbon tenus en apanage, et les autres pour elle-même, comme plus proche parente de Suzanne; on prétendait que Duprat avait dit qu'il fallait « réduire le connétable à l'état d'un gentilhomme de quatre mille livres de rente ». Sa fierté ne tint pas devant l'idée de cette détresse. Dès l'année 1522, au moment où on plaidait ce mémorable procès devant le Parlement, le connétable préparait sa vengeance, et envoyait La Motte des Noyers lever pour lui des lansquenets en Allemagne.

Cependant, il rendit encore au roi le service de disperser des bandes d'aventuriers et de pillards dans les provinces du centre et de l'est ; mais, dès ce moment, ses mesures étaient prises, et ses partisans secrets se mettaient partout en mouvement. Il semble certain que Lurcy et Lalière, en particulier, furent chargés des négociations préliminaires qui devaient amener les traités de Montbrison et de Gayette, car on remarquait qu'ils disparaissaient des semaines entières, et seuls les amis les plus intimes du duc savaient ce qu'ils étaient devenus.

Au commencement de l'été de l'année 1523, le duc de Bourbon fit un pèlerinage à Notre-Dame du Puy, et s'établit ensuite au château de Montbrison, qui devint le centre de toutes les intrigues. Le connétable désirait attirer dans son parti Jean de Poitiers, comte de Saint-Vallier, illustre par sa naissance et ses services, et presque aussi maltraité que lui par le roi. Il lui envoya Lurcy, Lalière et Peloux, qui d'abord, suivant le mot d'ordre de leur maître, lui parlèrent de choses assez indifférentes, mais réussirent à l'attirer à Montbrison, où le duc le gagna tout à fait à sa cause, sans cependant peut-être se découvrir à lui de son dessein de morceler la France. Antoine de Chabannes, dans un de ses interrogatoires, parle longuement aussi des menées de Lalière pendant les mois qui précédèrent la convention de Montbrison : il le vit au Puy, à Saint-Marcellin en Forez, à Lyon, à Montbrison, toujours affairé, toujours sur les grands chemins pour le service du connétable, révélant du complot ce qui pouvait se dire, plein de réticences sur ce qu'il n'était pas prudent d'avouer.

Lalière fut, à ce qu'il semble, un des deux gentilshommes, choisis parmi les affidés les plus sûrs, qui allèrent chercher Beaurain, l'envoyé de Charles-Quint, à Bourg-en-Bresse, et l'amenèrent à travers la Dombes, le Beaujolais et le Forez jusqu'à Montbrison, où le duc l'attendait. C'est là que le connétable, assisté de Lalière et de ses partisans intimes, signa avec Beaurain, dans la nuit du 18 juillet 1523, un traité qui ouvrait la France aux armées étrangères. Entre autres clauses de cette convention, il était stipulé que l'empereur fournirait au connétable dix mille piétons allemands. Le duc devait, de son côté, lever une armée dans ses domaines, et on voit par les pièces du procès que son intention était d'en donner le commandement à Peloux, à Lalière et au capitaine Godinière, qui avait autrefois servi sous Pètre de Navarre.

Le traité de Montbrison à peine signé dans le plus grand mystère, Beaurain repartit cette nuit même pour Gênes par des chemins détournés, accompagné de Saint-Bonnet, un des gentilshommes de la suite du connétable. Ils allèrent dîner à Villechenève, ou Lalière vint les rejoindre ; le lendemain, ils dinèrent à Châtillon-les-Dombes, et le jour suivant, Lalière les quitta.

Le connétable, après être resté quelques jours encore à Montbrison, traversa de nouveau le Forez, et revint à Moulins ; brisé de fatigues, voyageant en litière et à petites journées, il est

bien probable qu'il prit un peu de repos au château de Lalière, qui était presque sur son passage[1].

Cependant François Ier, qui avait fait d'im-
menses préparatifs pour la conquête du Milanais,
s'acheminait vers Lyon. Selon du Bellay, c'est à
Saint-Pierre-de-Moutiers qu'il reçut les premiers
avis formels de la trahison du connétable, dont
il n'avait eu jusqu'alors que des soupçons ; on
l'avertit même que les partisans les plus déter-
minés du duc de Bourbon avaient dessein de
l'arrêter entre Moulins et Lyon. Le roi espéra
cependant ramener à lui le connétable ; tout en
prenant des précautions pour sa sûreté, il affecta,
à son passage à Moulins, une grande confiance
envers le duc, qui promit formellement de l'accompagner en Italie, et de le rejoindre dans peu
de jours à Lyon ; le roi partit à demi rassuré.

Ici commence une étrange comédie. Le connétable se mit en route, comme s'il prenait au
sérieux la promesse qu'il avait faite au roi. Pour
gagner du temps, il affectait d'être fort malade et
de voyager très lentement, escorté de médecins et
d'apothicaires, dans l'espérance que le roi, fatigué
de l'attendre, passerait les Alpes sans lui ; c'était
précisément le moment attendu par le duc de
Bourbon et l'empereur pour l'exécution de leurs
projets. Mais François Ier était bien résolu à ne
pas laisser derrière lui un homme si suspect, et
lui envoyait message sur message pour hâter sa
marche. Le mardi 1er septembre 1523, quinze

---

[1] Lallère est à un kilomètre environ de l'ancienne route de Paris
à Lyon.

jours après l'entrevue de Moulins, le duc n'était encore qu'à Saint-Geran-de-Vaux, à une lieue de Varennes; c'est là que le trouva Pérot de Warty, envoyé par le roi. Ils arrivèrent ensemble à La Palisse le jeudi matin 3 septembre; le connétable dit à Warty que son intention était d'aller le lendemain coucher au château de Lalière, puis le jour suivant à Changy, et ainsi de trois lieues en trois lieues jusqu'à Lyon. Soit que tel fût en effet son dessein, soit que ce fût encore une pure comédie, il avait déjà dépêché ses officiers à Lalière, pour préparer son arrivée. Mais la nuit du jeudi au vendredi, il y eut un grand mouvement parmi ses serviteurs; les médecins paraissaient inquiets, trouvaient « son urine fort chargée ». Ils déclarèrent qu'il était impossible au connétable de partir ce jour-là, « et parce que aucuns officiers du dict connestable avoient esté envoiez à Lalière, ils furent contremandez et envoyez quérir[1] ». La nuit suivante fut encore plus mauvaise, à ce que disait l'entourage du duc, « et fut fait grand bruit de médecins et apothicaires; » enfin, le samedi 5 septembre, le duc dit à Warty qu'il était la personne la plus malheureuse du monde de ne pouvoir servir le roi, mais que ses médecins ne répondaient pas de sa vie, s'il s'obstinait à continuer sa route, et qu'il allait « retourner vers son air natal. »

Le connétable pensait si peu à rejoindre le roi, et à se réconcilier sincèrement avec lui, qu'à

[1] Déposition de Pérot de Warty.

ce moment-là même Lalière lui amenait de Bourg en Bresse, à travers des rencontres périlleuses, sir John Russell, ambassadeur du roi d'Angleterre, avec le secrétaire Chanteau et le capitaine Loguinquam. La rencontre eut lieu à Gayette, et, dans la nuit du 7 au 8 septembre, le connétable consomma sa trahison, en signant avec Henri VIII un traité d'alliance offensive et défensive, à peu près semblable à celui de Montbrison. Les principales clauses de cette convention avaient été arrêtées à Londres, un mois auparavant, entre Henri VIII et un agent du connétable qui était probablement Lalière. Le duc de Bourbon, poussant cependant jusqu'au bout la dissimulation, envoyait l'évêque d'Autun porter à François Ier une promesse de bon et loyal service, sous la condition qu'on lui rendrait ses biens, qui venaient d'être mis sous séquestre par un arrêt du Parlement. On sait que l'évêque d'Autun, porteur de cet *ultimatum*, fut arrêté à La Pacaudière.

Quant au connétable, apprenant que les troupes du maréchal de La Palisse et du bâtard de Savoie étaient à sa poursuite sur la route du Bourbonnais, il avait passé l'Allier près de Varennes, suivi de Lalière et de ses gentilshommes les plus fidèles, et avait couru tout d'une traite s'enfermer dans Chantelle. Depuis longtemps déjà, cette place avait été ravitaillée et garnie de canons par Lalière et Peloux; le conseil intime du connétable délibéra si on tenterait de s'y défendre; mais il fut reconnu qu'elle ne pourrait longtemps soutenir un siège en règle. Le connétable était donc réduit à sortir de ses propres domaines, et à chercher son salut dans la fuite.

Martin du Bellay a raconté, et on a répété de confiance après lui[1] que le duc de Bourbon, en quittant Chantelle, était venu passer la première nuit au château de Lalière, et que de là, changeant brusquement d'opinion sur le chemin qu'il avait à suivre, il avait tourné court à main droite, et s'était enfoncé dans l'Auvergne. Cet itinéraire était bien invraisemblable ; car le connétable, à moins de prendre des chemins détournés, très longs, très mauvais, et impraticables pour une escorte nombreuse, se serait heurté à chaque pas aux troupes royales qui occupaient la route, depuis Varennes jusqu'à Saint-Martin-d'Estreaux et La Pacaudière. En effet, des documents authentiques montrent qu'il suivit une direction toute différente, et que, le soir du mardi 8 septembre, il arriva horriblement fatigué, après une course de dix-huit lieues, dans la petite ville d'Herment[2]. Il était accompagné de Jean et de Louis de Vitri, de Pompérant, Peloux, Saint-Bonnet, Brion, Desguières, Tansannes, Godinière, Roannet, Jarnousse, Taillebost, et de la plupart de ses partisans qui n'étaient pas arrêtés. Là, il y eut un nouveau conseil secret ;

---

[1] Le récit de Martin du Bellay a été répété dans l'*Ancien Bourbonnais*, dans Coiffier-Demoret, dans les *Légendes et traditions foréziennes*, de Noëlas, dans un article de l'*Illustration*, du 5 juin 1847, etc.

[2] Le châtelain d'Herment s'appelait Henri Arnaud, et était un des ancêtres du célèbre Arnaud de Port-Royal (Voy. *Mém. de Port-Royal*, t. Ier, p. VI). — Coiffier-Demoret et les auteurs de l'*Ancien Bourbonnais*, commettant une étrange erreur, disent qu'Henri Arnaud était seigneur de Lalière.

il parut qu'une escorte aussi nombreuse créerait de graves dangers au connétable, et il fut décidé qu'il ne garderait avec lui que Pompérant, Godinière, Jean de l'Hospital et deux valets de chambre. Les autres compagnons du duc de Bourbon se dispersèrent, à l'exception des deux Lalières, de Peloux, Desguières, Brion, Saint-Bonnet, et de quelques autres partisans intimes, auxquels le duc avait assigné rendez-vous en Franche-Comté ; ils emportaient avec eux des sacs pleins d'écus d'or que le connétable leur avait confiés. Brion dit, dans son interrogatoire, que Lalière et Peloux tenaient par les chemins des propos fort peu respectueux pour le roi, que s'il ne se fût arrêté à Lyon, et en fût parti le jour qu'il y entra, « on lui eût fait un beau service, et qu'il ne fût pas retourné à son aise en France ». Ils disaient tout haut que les Allemands devaient entrer en Champagne, les Anglais en Picardie, les Espagnols en Guyenne, que le connétable aurait dix mille hommes, dont ils devaient commander chacun mille. La petite troupe arriva ainsi jusqu'à Saint-Amour, où Brion et Desguières laissèrent entre les mains de Peloux et de Lalière les sacs d'or qu'on leur avait donné à porter. Brion et Desguières furent arrêtés peu après ; les autres purent continuer leur route, et enfin, vers les premiers jours du mois d'octobre, le connétable se trouva réuni à Lière en Ferrette avec Lalière, Lurcy, Tansannes, et plusieurs autres.

A partir de ce moment, nous ne trouvons plus aucune trace de Jean et de Louis de Vitri. Il est hors de doute que les deux frères restèrent jusqu'au

bout associés à la bonne et à la mauvaise fortune
du connétable; mais, malgré nos recherches, nous
n'avons rien pu découvrir de certain sur leur sort.
D'après Brantôme, qui est bien informé des événements de cette époque, et qui même a connu
personnellement plusieurs des complices du connétable, Lalière (il s'agit sans doute de Lalière l'aîné)
survécut au duc de Bourbon, et, après la mort de
celui-ci, fut honorablement traité par Charles-
Quint, qui l'employa à son service, et s'en trouva
très bien[1]. Mais, d'autre part, il n'est fait aucune
mention de Jean et de Louis de Vitri dans le contrat de mariage d'Anne de Vitri, du 13 mars 1528,
bien qu'on y nomme tous les autres enfants de
Brémond de Vitri et de Catherine de Talaru. Bien
plus, un *avis de conseil*[2] tiré des archives de la
seigneurie de Saint-Marcel-d'Urfé suppose expressément que les deux frères étaient morts avant le
mariage de leur sœur Anne de Vitri. Ont-ils été
tués à la bataille de Pavie, ou à l'assaut de Rome?
Ou bien, par une sorte de fiction, Jean et Louis
de Vitri sont-ils considérés comme morts, parce
qu'ils n'ont plus donné de leurs nouvelles, et ont
rompu définitivement avec la France, en s'attachant
au service de Charles-Quint? Nous serions assez disposé à le croire. En 1578, un certain Jean de Vitri,
italien, docteur en théologie, fut nommé abbé de
Pontigny[3]; nous ne pouvons nous empêcher de

---

[1] *Œuvres de Brantôme*, éd. de la Soc. de l'hist. de France, t. II,
p. 231 et 235, et VII, p. 243.

[2] Nous l'avons déjà mentionné plus haut, page 52, note 4.

[3] *Gallia christ.*, t. XIV, col. 490.

soupçonner que cet étranger, auquel on donne cependant une abbaye en France, était le fils de l'un des deux Lalière, qui se serait établi et marié en Italie.

Quoi qu'il en soit, le procès des complices du connétable commença dès que celui-ci eut ouvertement rompu avec la France. La plupart étaient en fuite; mais quelques-uns avaient été arrêtés et enfermés au château de Loches. Tous, à l'exception de Jean de Poitiers, qui fut condamné à mort, et ne fut grâcié qu'au moment de l'exécution, furent traités par le Parlement avec une indulgence qui mécontenta fort le roi.

Par arrêt du 16 janvier 1524, il était ordonné que Jean de Vitri, l'aîné, seigneur de Lalière, et les autres contumaces fussent appréhendés au corps partout où on les rencontrerait, et conduits dans les prisons de la Conciergerie; ils étaient ajournés à trois jours pour se présenter eux-mêmes, sous peine de bannissement et de confiscation. Le 9 mars 1524, le Parlement fit prendre possession, au nom du roi, de tous les biens appartenant aux complices du connétable. Enfin, l'arrêt du 13 août 1524, prononcé contre les contumaces, condamnait, comme criminels de lèse-majesté, traîtres et rebelles envers le roi et son royaume, Jean de Vitri, écuyer, seigneur de Lalière, Louis de Vitri, René de Bretagne, Pompérant, Jean de l'Hospital, Hugues de Nagu, seigneur de Varennes, etc., à être décapités au pilori de la ville de Paris, leurs têtes mises au bout d'une lance, et leurs corps pendus au gibet de Montfaucon. Le même arrêt déclarait les biens meubles et immeubles des condamnés acquis au roi, et incorporés à son domaine[1].

François Ier disposa des domaines confisqués sur les adhérents du connétable en faveur des gentilshommes de son entourage, ou de ceux dont il avait éprouvé la fidélité. Voici la teneur des lettres patentes, datées de septembre 1524, portant donation à Jean de Lévis de la seigneurie de Lalière[2] :
« François... en recognoissance des bons services
« que nostre ami, féal et gentilhomme de nostre
« chambre Jehan de Lévys, baron et seigneur de
« Chasteaumorand, nous a par cy devant et dès
« longtemps faictz, tant à l'entour de nostre per-
« sonne, de feu nostre très chier seigneur et beau
« père que ou faict de noz guerres, où il s'est bien
« et vertueusement employé, faict et continue cha-
« cun jour en grant soing, peine et labeur, et
« espérons que plus fera et continuera cy après... à
« ycellui de Chasteaumorand... donnons... à tous-
« jours, à tiltre de pur et parfaict don faict entre
« vifz, perpétuel, irrévocable, pour luy, ses gens
« successeurs et ayans cause, le chasteau, maison
« et seigneurie de La Riert (sic), en la paroisse de
« Saint-Martin-d'Estraulx... avec toutes ses appar-
« tenances... qui furent et appartendrent à Jehan
« et Loys de Victry, dictz La Rière, frères, sauf
« et réservé toutesfoiz la terre et seigneurie du

---

[1] Nous avons analysé plus haut la partie de cet arrêt qui concerne Jacques de Vitri.

[2] Arch. nat., JJ. 213, fol. 127, n. 427 ; nous devons la copie de cet acte à l'obligeance de M. Max Bruchet, archiviste de la Haute-Savoie. Nous croyons devoir en retrancher les formules inutiles.

« Bois d'Iring (?)[1], que ne voullons ne entendons
« estre aucunement comprinse en ce présent don,
« lesquelles choses nous sont advenues et escheues
« et appartiennent pour raison de l'adhérence et
« intelligence qu'ilz ont eue avec Charles de Bour-
« bon aux conspirations, machinations et conjura-
« tions par luy faictz contre nostre personne, noz
« pais et subgectz, en commectant, par ce, crime
« de felonye et de lèze majesté dont ilz ont esté,
« par arrest de nostre court de parlement à Paris
« naguères prononcé, condempnez à estre déca-
« pitez, et tous leurs biens à nous confisquez...
« Desquelles seigneuries nous sommes dévesti et
« dessaisi... au prouffict du dict de Chasteau-
« morand... pourveu que le dict seigneur de
« Chasteaumorand sera tenu de faire parachever
« d'abatre et desmolir le chasteau du dict de
« La Rière, que nous avons faict commencer
« d'abatre en signe de démonstration de perpé-
« tuel mémoire du dict crime et délict. » Par
un autre acte semblable, daté du mois d'août 1524,
le roi avait donné la terre du Bois-d'Oingt,
ayant appartenu audit Johan de Vitri, dit Lalière,
à Jeanne d'Arces, sœur de feu le chevalier Blant,
à cause des services qu'il avait rendus à la couronne[2].

D'après le premier de ces actes, s'il en faut
prendre les termes à la lettre, François 1ᵉʳ aurait

---

[1] M. Max Bruchet a lu ainsi, non toutefois sans hésitation; il
s'agit, sans le moindre doute, de la seigneurie du Bois-d'Oingt (Voy.
ci-dessus, p. 51).

[2] Arch. Nat., JJ., 237, fol. 20, num. 128.

réellement fait commencer la démolition de Lalière, et ce serait sans doute à cette époque qu'aurait été ruinée la partie du château qui n'existe plus aujourd'hui[1]. La seigneurie de Lalière et celle du Bois-d'Oingt ne restèrent pas longtemps aux mains de leurs nouveaux possesseurs. Le traité de Madrid (1527), entièrement confirmé sur ce point par celui de Cambrai (1529), stipula que « au regard des amis, alliés et serviteurs qui avaient suivi le parti du seigneur de Bourbon, à présent vivants, et des héritiers de ceux qui sont allés de vie à trépassement, ils seront entièrement restitués en leurs biens, déclarant nulles toutes les procédures, sentences, *donations*, incorporations et autres actes qui contre eux ou leurs héritiers pourraient avoir été faits, à cause d'avoir tenu le parti du dit seigneur de Bourbon. » Pour la terre de Lalière, cette restitution forcée ne fut peut-être pas nécessaire, ou du moins il semble qu'elle fut précédée d'un arrêt de main-levée provisoire en faveur de Catherine de Talaru et de ses filles, Anne et Jacqueline de Vitri[2], dont les droits partiels sur cette seigneurie avaient été méconnus.

[1] Voy. page 10.

[2] Nous avons fait chercher cet acte sans succès aux archives du parlement de Paris ; il est mentionné dans un inventaire des titres de Lalière, aux archives de Châteaumorand, sous la date, certainement fausse, du 13 août 1524. Cette erreur s'explique facilement. L'arrêt de main-levée devait mentionner l'arrêt de condamnation de Jean de Vitri, qui est en effet, comme on l'a vu, du 13 août 1521. Le rédacteur de l'inventaire a lu légèrement ce document, et pris la date de la condamnation pour la date de l'arrêt de main-levée. — En tout cas, dès le mois de février 1526 (n. s.), Catherine de Talaru prend de nouveau, dans un acte d'achat, la qualité de « dame de Lalière ».

CHAPITRE III

LES MAISONS
DE CHAUGY, D'ISSERPENS, DE LA GUICHE ET DE CHATEAUMORAND

Dans le chapitre précédent, j'ai raconté les humbles commencements et l'élévation de la maison de Vitri. Maintenant on va voir notre vieux château perdre son autonomie, et entrer dans les possessions de familles étrangères qui n'y feront plus, ordinairement du moins, leur principale résidence. Mon intention n'est pas, on le comprend, de faire ou de refaire l'histoire de ces familles ; il suffira de noter les événements qui regardent directement Lalière, et de recueillir en passant deux ou trois épisodes d'un assez grand intérêt.

---

§ Ier. — MAISON DE CHAUGY.

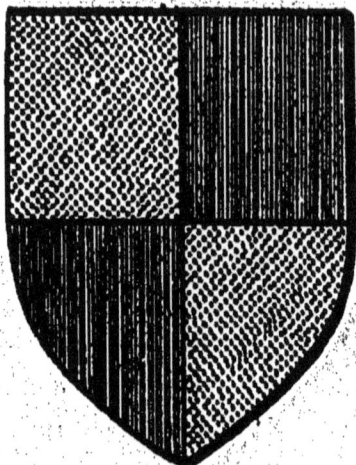

ARMES DE LA MAISON DE CHAUGY

(Ecartelé d'or et de gueules).

Brémond de Vitri et Catherine de Talaru avaient eu quatre fils de leur mariage. Mais l'aîné était mort en bas âge; Jean et Louis de Vitri avaient été tués au service du connétable de Bourbon, ou bien ils s'étaient exilés sans retour; Jacques de Vitri était religieux. La seigneurie de Lalière, avec ses membres et dépendances, tomba donc entre les mains d'une fille; elle échut, dans le partage des biens de la famille, à Jacqueline de Vitri.

Jacqueline épousa Pierre de Chaugy, seigneur de Chenay-le-Châtel, Cossat et Saint-Félix, petit-neveu de Michel de Chaugy, dit le Brave, premier

maître d'hôtel de Philippe le Bon, duc de Bourgogne, et l'un des conteurs des *Cent Nouvelles
nouvelles*[1]. Le contrat de mariage fut passé à
Roanne, le 7 décembre 1531, Pierre de Chaugy
étant autorisé par son frère Georges de Chaugy,
protonotaire apostolique et chanoine-comte de
Lyon, et Jacqueline par dom Jacques de Vitri,
prieur conventuel des prieurés de Ris, Noalhat, les Salles et Saint-Germain-des-Fossés.
Le 6 mars 1539, ils donnèrent au greffe de la sénéchaussée de Montbrison le dénombrement de
leurs terres de Chenay, Lalière, le Pré et le Verger[2].
Il y a des raisons de croire que Pierre de Chaugy,
après la mort de Jacqueline de Vitri, aurait été
remarié à Maximiliane de Murol, qui est qualifiée
dame douairière de Chenay dans un acte du 2 juillet 1564[3]. Quoiqu'il en soit, Pierre de Vivit et Jacqueline de Vitri eurent deux filles :

1° Jacqueline de Chaugy, dame de Lalière ;
2° Suzanne de Chaugy, mariée le 21 août
1554, à Gilbert de Chauvigny de Blot, chevalier de l'ordre du roi, et baron du Vivier.
On sait que la maison de Chauvigny est une
des plus anciennes du centre de la France,

---

[1] C'est le donateur du triptyque d'Ambierle.
[2] *Roannais III.*, V° série, p. 67, note 4.
[3] Bail à ferme de la seigneurie du Pré du Verger par Jacqueline de Chaugy, dame de Lalière, à François Darel, marchand
d'Arfeuilles, passé à Saint-Martin-Destrabz (*sic*), en présence de
Claude Verchère, notaire royal à Marcigny.

§ II. — Maison d'Isserpens.

ARMES DE LA MAISON D'ISSERPENS
(D'or, au lion d'azur, armé et lampassé de gueules).

L'alliance de Jacqueline de Chaugy ne fut pas moins illustre. Elle épousa en 1550 François d'Isserpens ou des Serpents, seigneur de Chitain, fils de Gilbert d'Isserpens, grand maréchal des logis de la maison du roi, et d'Anne de Coligni. Du reste, leur mariage dura quelques années à peine, et ils n'en eurent qu'une fille, Suzanne d'Isserpens, qui porta la seigneurie de Lalière dans la maison de La Guiche. Nous avons sous les yeux un grand nombre d'actes de Jacqueline de Chaugy [1], douairière de Chitain, dame de Lalière, Saint-Félix, Montcoulon [2]

---

[1] Il n'est pas inutile de rappeler que les actes dont nous n'indiquons pas l'origine sont tirés des archives de Châteaumorand (Fonds de Lalière).

[2] D'après Courtépée, *Descript. de Bourgogne* (t. III, p. 121 de la 2ᵉ éd.), elle renouvela le terrier de Montcoulon en 1598.

et Baignaux ; mais comme ce ne sont que des baux, des ventes, des reconnaissances et des procédures, il serait fastidieux de les mentionner ici. Un seul, du 22 avril 1603, est intéressant ; c'est une reconnaissance au profit de Jacqueline de Chaugy, pour des fonds situés à Sail, *au territoire des Bains*, faite par Jacques Servajean, seigneur de la Motte de Sail, qui avait acquis ce petit fief du jurisconsulte Jean Papon.

Jacqueline de Chaugy résidait souvent au château de Lalière qu'elle releva un peu de son abandon, et où elle fit quelques travaux de restauration. C'est là très probablement qu'elle mourut, vers la fin du mois de septembre 1613.

§ III. — Maison de La Guiche.

ARMES DE LA MAISON DE LA GUICHE

(De sinople, au sautoir d'or).

Suzanne d'Isserpens, dame de Chitain, épousa Claude de La Guiche, seigneur de Saint-Geran, par contrat du 3 avril 1566. De leurs nombreux enfants[1], il y en a trois qui sont mêlés à l'histoire de Lalière :

1° Jean-François de la Guiche, comte de Saint-Geran et de La Palisse, gouverneur du Bourbonnais, maréchal de France en 1619, mort le 2 décembre 1632, dont je vais raconter les étranges exploits ;

2° Antoine de la Guiche, mort très jeune, le mercredi 8 mai 1577, et enterré dans l'église de Saint - Martin - d'Estreaux[2]. Cette circonstance semble prouver que la famille de La Guiche-Saint-Geran habitait quelquefois le château de Lalière, ou que l'enfant y était élevé auprès de sa grand'mère Jacqueline de Chaugy ;

3° Godefroy de La Guiche, seigneur de Chitain et de Lalière, tué en duel, comme on le verra plus loin, par le marquis de Châteaumorand.

M. de Saint-Geran et M. de Chitain nourrissaient une haine violente contre Diane de Châteaumorand, à laquelle, d'après Huet, le maréchal n'épargnait pas les épigrammes les plus cruelles sur la facilité de la dame à recevoir les hommages que lui attirait sa beauté[3]. Je ne me ferai pas juge, bien entendu, de la valeur de ces propos malveillants ; petites méchancetés de voisinage, qui peut-

---

[1] Voy. la généalogie de la maison de La Guiche dans le P. Anselme, *Hist. généal.*, t. VII; dans l'*Esquisse hist. et archéol. sur le château de Saint-Geran* ; etc.

[2] Le P. Anselme, *loc. cit.*

[3] *Lettre de M. Huet à Mlle de Scudéry touchant Honoré d'Urfé et Diane de Châteaumorand*, dans les *Dissertations recueillies par M. l'abbé de Tilladet*, t. II.

être n'auraient pas tiré à conséquence, si elles ne s'étaient compliquées de graves intérêts. Diane de Châteaumorand était en affaires tout autre chose que la divine *Astrée*. Femme de tête et de volonté dans le gouvernement de ses domaines, elle entendait faire respecter ses droits de haute justice sur la terre de Lalière, garantis par une ancienne convention. Informée que M. de Chitain, seigneur de Lalière, gardait plus de vingt-quatre heures des prisonniers criminels dans les prisons de ce château, elle lui envoya son procureur d'office, assisté d'un notaire, pour lui sommer d'avoir à lui remettre sur le champ ces détenus, parce qu'elle seule avait le pouvoir de faire leur procès ; elle l'accusait aussi de faire rendre la justice dans une maison de Sail, pour éluder la transaction de 1468[1]. Enfin, cette fois contre toute raison, elle revendiquait, dans l'église de Saint-Martin-d'Estreaux, la propriété de la chapelle de Lalière, bâtie un siècle avant par la maison de Vitri, et prétendait s'opposer à l'érection d'un tombeau à Jacqueline de Chaugy.

Tout cela avait, de part et d'autre, fort aigri les esprits. Il paraît que déjà, en 1608, Godefroy de La Guiche avait commis des insolences, peut-être une incursion à main armée, sur les terres de Châteaumorand, car je trouve dans les comptes de cette année la trace d'une longue enquête faite pour Honoré d'Urfé et Diane de Châteaumorand contre M. de Chitain.

---

[1] Voyez plus haut, page 18.

Le samedi 9 novembre 1613, quelques semaines après la mort de Jacqueline de Chaugy, Jacques de Jas, gentilhomme au service d'Honoré d'Urfé, se présentait à Montbrison, à l'hôtel de Guillaume de la Chaize d'Aix, prévôt de la maréchaussée de France au bailliage de Forez, et le requérait de se transporter à Châteaumorand pour y recevoir la plainte de Diane, et informer sur les faits et gestes d'une troupe de gens d'armes qui avaient failli surprendre le château, et commettaient mille violences dans le pays. Le prévôt se mit en route, accompagné d'Aimé Brun, son lieutenant, d'Antoine Boulhon, commis de son greffier, et suivi de douze de ses archers. Après une marche forcée, il arriva le dimanche matin, 10 novembre, à Châteaumorand, où il trouva Diane « toute craintive. » Guillaume de la Chaize s'installa au bourg de Saint-Martin-d'Estreaux, à l'*Image de Notre-Dame*, commença aussitôt son enquête[1], et apprit les faits suivants qui s'étaient passés, non pas au temps des routiers et des tard-venus, mais au xviiᵉ siècle, sous le règne de Louis XIII.

Le jeudi précédent, 7 novembre, une heure ou deux après le coucher du soleil, environ deux cents soldats à pied et à cheval, armés d'épées, de pistollets et d'arquebuses à rouet, arrivèrent autour de Châteaumorand; ils étaient commandés, comme on le sut depuis, par M. de Saint-Geran, M. de Chitain son frère, et plusieurs gentilshommes de

---

[1] Cette enquête forme un gros cahier de 89 pages.

leurs amis, au nombre desquels on reconnut Saint-
André, Gondras, Vertpré, La Molière, Chambert
et La Bastie. Ils essayèrent de pénétrer dans le
château par surprise, en se donnant pour les gens
de MM. de Givry, de Bannasat et de Chenillac,
parents de Madame Châteaumorand. Diane, dans
sa plainte, prétend que le dessein de MM. de
Saint-Geran et de Chitain était surtout d'enlever,
dans les archives de Châteaumorand, les titres qui
établissaient ses droits sur Lalière, et cela est en
effet assez vraisemblable. Honoré d'Urfé ne se trou-
vait pas alors à Châteaumorand, « estant à présent
en court, près de Sa Majesté », et probablement les
deux La Guiche avaient compté sur cette circonstance pour travailler à leur aise dans le château.
Mais la ruse fut éventée, et la troupe ne put
franchir même la première enceinte. Elle se
vengea en tirant des coups de pistollets sur les
fenêtres du château, abattit dans le jardin la
charpente d'une treille, et en fit un grand feu
qui dura une partie de la nuit, tout en tuant le
temps par des plaisanteries sur *Madame de Motte
Creuse*, jurant qu'ils ruineraient si bien ses terres,
qu'on ne l'appellerait plus que *Madame de Place
Vide*, et autres gausseries de soudards en go-
guette.

En effet, après avoir établi des postes aux alentours du château pour en garder toutes les avenues,
ils se répandirent par petites troupes dans les
domaines des paroisses de Saint-Martin-d'Estreaux, de Sail et de Saint-Pierre-Laval, de préfé-
rence dans ceux qui appartenaient à Diane de

Châteaumorand. Ils y commirent des ravages jusqu'au lundi 11 novembre, tuant les oies et les poules à coups d'arquebuse, assommant les brebis, enfonçant les coffres, volant les œufs, les fromages, le lard, le pain et le vin, pêchant les étangs, brûlant les clôtures des haies et même le bois des granges, nourrissant à discrétion leurs chevaux de foin et de gerbes de seigle. A Rochères, quelques-uns de ces garnements s'amusèrent à répandre dans la cour du blé fraîchement battu, et comme on leur en faisait des reproches : « Par la sang-dieu ! dirent-ils, nous avons un bon maître, M. de Saint-Geran ; il nous avouera bien de tout ce que nous faisons ; mort-dieu ! nous avons l'ordre de ruiner les maisons de Châteaumorand, et de n'y laisser que les quatre murs. » Il va sans dire qu'il n'était pas question d'indemnité ; seuls, MM. de La Molière et de Gondras se conduisirent avec quelque modération, et payèrent quelquefois la dépense de leurs gens. Les autres se moquaient de ceux qui osaient demander de l'argent, ou même ils faisaient pis. Un malheureux paysan ayant dit qu'il était un pauvre homme, et qu'on lui devrait payer quelque chose de son bien, un soldat « luy voulust « bailler ung coup d'espée ; et de faict, ung d'eulx « luy baillat ung sy grand coup de poing par la « teste, qu'il la pensa ramasser par terre. »

Pendant ces quatre jours de pilleries et de violences, Messieurs de Saint-Geran et de Chitain, chefs avoués de toute la bande, allaient et venaient de leur château de Lalière au bourg de St-Martin, où, dès la nuit du 7 novembre, ils avaient établi leur quartier général, et où ils s'étaient solidement barricadés, commettant là comme dans la campagne des excès de toute sorte. Nous allons laisser Messire Charles Martin, vicaire de cette paroisse, nous raconter lui-même de quelle singulière façon les deux frères firent la quarantaine de leur grand' mère Jacqueline de Chaugy, qui fut précisément célébrée cette semaine : c'est d'ailleurs la plus intéressante déposition de l'enquête. « Messire « Charles Martin, prestre vicaire de l'esglize de « Sainct-Martin-destraulx, aagé de trente cinq « ans, de luy prins et receu le serment, la poitrine « touchée, dépose que jeudy dernier au soir, « arriva audict Sainct-Martin le seigneur de « Sainct-Geran, suivy de dix arquebuziers, et feist « mander le sieur curé dudict lieu, auquel il feist « bailler la clef de l'esglize ; et ayant faict faire « ouverture, logea dans icelle lesdictz arquebuziers, « leur disant : « Demourez là, je vous en va encores « envoyer d'aultres », ce que à mesme temps il « feist ; lesquelz soldatz demourarent là. Et le lan- « demain, le feu fut allumé au milieu de ladicte « esglize, leurs armes dressées sur ung tablier ; et « autour dudict feu à force paille lesdictz soldatz « se couchèrent, ne tenans que la porte de la « chappelle de la Lyère ouverte, et aultre corps « de garde et sentinelle au clocher d'icelle esglize, « lesdictz soldatz ayant mis une asnée de vin sur « ung des haultelz de ladicte esglize, appellé l'hostel « Sainct-Antoine, que le déposant ouyt dire avoir « esté prinse du sieur de Godinières. En laquelle « esglize encores ledict déposant auroit veu de la

« sallette, et par ce qu'il croyoit que ce fust faict
« de personnes et s'en voullant fascher, lesdictz
« soldatz luy dirent que c'estoit les chiens qui
« l'avoyent faict. Et alloit et venoit le déposant
« dans ladicte esglize, auquel ils faisoient collébrer
« la messe, ne luy permettant de sortir hors dudict
« bourg. Et faisoient encores iceulx soldatz garde-
« mange du revestoir de ladicte esglize, y tennans
« poulles, oyes, pain, beurre, fromaige, et tout ce
« qu'ils assembloient par leur nourriture. Veist
« abbattre le bois de la grange d'un nommé Game,
« et par sept ou huict soldatz porté dans l'esglize,
« tant pour faire le feu que pour les barricades ;
« et veist faire plusieurs insolences et ravaiges. Et
« demeura ledict corps de garde en ladicte esglize
« jusques au jour d'hier que ledict seigneur de
« Sainct-Geran feist faire le service de la quaran-
« taine, lequel seigneur de Sainct-Geran estoit
« toujours accompagné du seigneur de Chetin, son
« frère, et d'ung grand nombre de gentilhommes et
« soldatz. Déclare en oultre que ledict seigneur de
« Chetin luy feist signer certaine acte receue par
« M° Pélassis, notaire, qu'il a signé de peur d'estre
« offencé, et ne sçait que c'est. Que est tout ce
« qu'il a dict sçavoir et a signé. (Signé) C. MARTIN,
« LACHIEZE D'HAIX, prévost. »

L'acte, que le prudent vicaire signa les yeux
fermés, était, à n'en guère douter, quelque protes-
tation relative aux droits de la seigneurie de
Lalière. Il faut convenir que ce mélange de religion
et de pillage, d'actes notariés et d'arquebusades
n'est pas sans caractère, et sort un peu de la correcte

banalité à laquelle deux ou trois siècles de civili-
sation nous ont accoutumés. Le seigneur de Saint-
Geran n'en était pas à son essai. En 1603, il avait
enlevé de force des prisons de Moulins deux hommes
de sa suite qui avaient donné quelques petits coups
d'épée à un lieutenant criminel ; il obtint des lettres
de rémission, malgré les éloquentes remontrances
du président Forget. Henri IV allégua les services
du comte de Saint-Geran, les nécessités du moment,
etc[1]. Il ne fut pas moins heureux cette fois. Diane
de Châteaumorand avait bien obtenu, en 1614, un
arrêt d'ajournement personnel contre Saint-Geran
et Chitain ; mais un arrêt du conseil privé, du
27 février 1616, fit défense « de faire recherches ni
poursuites contre lesdits sieurs à cause de l'assem-
blée de gens d'armes y mentionnée ». Diane enrichit
ses archives de beaux registres de papier, et le comte
de Saint-Geran fut nommé maréchal de France ! Le
docteur Pangloss aurait de tristes réflexions à faire
sur la justice immanente des choses d'ici-bas ! Nous
ne savons pas comment Honoré d'Urfé prit la chose,
quand il fut informé des glorieuses prouesses que
nous venons de raconter. Mais il est à remarquer
que la politique ne paraît pas avoir été absolument
étrangère à ces événements, car nous voyons, par
une des dépositions, qu'on reprochait encore au
seigneur de Châteaumorand et aux siens « d'avoir
été de la Ligue ». Diane cependant se réconcilia
tant bien que mal avec le maréchal de Saint-Geran,
par un accommodement du 22 juin 1620.

[1] *Arch. histor. du Bourbonnais*, sept. 1890.

L'affaire finit beaucoup moins bien pour Godefroy de La Guiche, et ici Pangloss reprend tous ses avantages. Les contestations avaient continué entre Diane de Châteaumorand et Godefroy de Guiche, au sujet de cette éternelle question de la justice de Lalière. Le seigneur de Chitain et de Lalière épousa, le 15 août 1626, Antoinette d'Albon[1], et fit son testament le 29 septembre, au château d'Avauges[2]. Diane était morte au mois de mars précédent, instituant pour son héritier universel Jean-Claude de Lévis-Charlus, qui prit le nom de marquis de Lévis-Châteaumorand ; c'est lui qui se chargea de solder un long arriéré de haines et de ressentiments.

Diane lui avait-elle expressément laissé le soin de sa vengeance ? Le combat fut-il précédé de provocations et de bravades ? Nous ignorons les préliminaires comme les détails de la rencontre ; mais nous savons que le duel eut lieu au mois de janvier 1627, et fut mortel pour M. de Chitain. Divers indices nous font croire que les deux adversaires se battirent à Saint-Martin-d'Estreaux ; ce qui semblerait le confirmer, c'est que le souvenir d'un duel à mort entre un seigneur de Châteaumorand et un seigneur de Lalière est resté très vivant dans le peuple ; la tradition rapporte que la rencontre

---

[1] *Invent. des arch. de l'Allier*, B. 738 ; le P. Anselme, *Hist. gén.*, T. VII. Cf. Le Laboureur, *Mazures*, T. II, p. 150 (nouv. éd.), et P. de Varax, *Gén. de la maison de Sainte-Colombe*, p. 177.

[2] Voy. aux archives du Rhône, E. 1150, une copie du testament de Godefroy de la Guiche, « chevalier des ordres du roy, maréchal de camp d'un régiment entretenu par le service du roy, seigneur de Chitain, Lalière, Saint-Phélix et autres places. »

se serait faite au sommet de la montagne de Jard, circonstance dramatique, mais évidemment peu vraisemblable. L'événement fit grand bruit dans le pays, et un curé du voisinage, Blaise Goyart, curé de Bert en Bourbonnais, en a laissé la mention dans son livre de raison : « L'année mil six cent « vingt sept, et le jour de Saint Bonnet, au mois de « janvier[1], fut tué M. de Chytain par M. de Charlieu « (lisez *M. de Charlus*), seigneur de Chastelmorand, qui fut un grand dommage[3] ».

Le marquis de Châteaumorand ne se tira pas sans danger des suites de ce duel. Les comptes du château pour 1627 et 1628 sont pleins de renseignements sur les allées et venues des huissiers et autres officiers de justice du Bourbonnais et du Forez. Le receveur constate qu'il a délivré 52 livres 12 sols à Dupuy, « pour ses vacations d'avoir demeuré et séjourné à Château-morand, suivant le commandement de M. le lieutenant général de Moulins », 300 livres « aux sieurs officiers et judicateurs de Montbrison », qui sont venus instrumenter et enquêter à leur tour, 304 livres pour obtenir le renvoi du procès extraordinaire de Montbrison à Moulins, etc.

M. de Lévis était alors engagé dans un procès civil avec les héritiers de la maison d'Urfé pour la succession des marquisats de Valromey et de

---

[1] Le martyrologe romain place au 15 janvier la fête de saint Bonnet ; la liturgie lyonnaise la célèbre le 19 janvier.

[3] *Rapport sur les Arch. dép. et commun. de l'Allier*, dressé en 1889 par M. l'archiviste Vayssière, Moulins, in-8°, 18 p. Cf. Le Laboureur, *loc. cit.* — Le P. Anselme dit à tort que Godefroy de La Guiche fut tué en duel par le marquis de *Châteaurenault*.

Bâgé. Il se plaint amèrement, dans un *factum* ou mémoire judiciaire, d'avoir eu contre lui, au procès criminel qui lui était intenté « pour la mort du sieur de Chitaing », l'hostilité ouverte de Jacques Le Paillard d'Urfé, bailli du Forez, qui aurait abusé de son autorité sur les juges de la province, et obtenu contre lui une sentence au siège de Montbrison[1]. Mais cette sentence fut cassée, le 17 février 1628, par un arrêt donné au parlement de Paris, qui annula toute la procédure faite au bailliage de Forez, et renvoya l'affaire au lieutenant général de Moulins, pour être le procès fait jusques à sentence définitive exclusivement, et ensuite être sur le tout ordonné par le procureur général ce qui serait de raison ; en même temps, main-levée était accordée au marquis de Châteaumorand de ses terres saisies et mises sous séquestre. Il n'y a pas de preuve que les conséquences de l'affaire aient été bien graves pour M. de Châteaumorand. Si par hasard il fut condamné, il dut obtenir des lettres de rémission.

La seigneurie de Lalière resta encore jusqu'en 1669 dans la maison de La Guiche ; mais nous n'avons pas assez de documents précis pour suivre exactement son histoire. En 1628 elle appartenait, au moins en partie, au maréchal de Saint-Geran[2]. Une sentence arbitrale du 16 octobre 1647 la mit aux mains de Claude-Maximilien de La Guiche, comte de Saint-Geran et de La Palisse, mort en 1659. Elle passa ensuite à son fils Bernard de La

---

[1] On ne nous apprend pas quelle était cette sentence.
[2] 0 sept. 1628 : Bail des vignes de Lalière au profit du maréchal de Saint-Geran.

Guiche, après que sa filiation eût été reconnue par arrêts du parlement. On sait que l'état civil de Bernard, enlevé au moment de sa naissance, donna lieu à un procès fameux dont s'occupa la France entière, et qui a souvent exercé l'imagination des romanciers. Saint-Simon a parlé de lui avec une sympathie bien rare chez ce chroniqueur malveillant: « Un gros homme, mal bâti et toujours mal vêtu, l'air et les traits grossiers, de gros yeux sortants... Avec cet air, c'était un homme de beaucoup d'esprit, délié, agréable, fort instruit, recherché de la meilleure compagnie de la cour, où il passait sa vie, et qui avait été de la part du roi à Londres, à Florence et à Berlin[1]. » Il mourut subitement en 1696 ; mais il y avait longtemps que la terre de Lalière n'était plus à lui ; il l'avait cédée, par transaction du 29 avril 1669, à sa tante Marie de la Guiche, duchesse de Lévis-Ventadour. Lalière a donc appartenu successivement à six membres de la grande maison de La Guiche : Claude, Godefroy, dit le sieur de Chitain, Jean-François, maréchal de France, Claude-Maximilien, Bernard et Marie, duchesse de Ventadour.

C'est à cette période que se rattache un autre épisode fort curieux, révélé par les notes qu'un curé de Droiturier[2] a écrites sur les registres de sa paroisse. Gaston d'Orléans, frère de Louis XIII,

---

[1] *Mém. de Saint-Simon*, éd. de Boislisle, t. III (app. V). — Il est plusieurs fois question de lui et de sa femme Françoise de Warignies dans les lettres de Madame de Sévigné.

[2] Canton de La Palisse (Allier), à quelques kilomètres de Lalière, ancien relai de poste.

s'était arrêté à Châteaumorand le 15 février 1629 ;
trois ans plus tard, il repassa dans le même pays,
et s'installa au château de Lalière ; mais il était
cette fois à la tête d'un ramas de pillards. Fuyant
devant ce qu'il appelait la tyrannie du maréchal de
Richelieu, Gaston s'était retiré à Bruxelles, d'où il
entretenait des correspondances avec les ennemis de
la France, et conspirait avec le malheureux duc de
Montmorency. Quand il crut ses projets mûrs, il
lança un manifeste où il se posait en libérateur,
entra en Bourgogne par le Bassigny, et marcha vers
le Languedoc, suivi de quelques milliers de brigands
qui ravagèrent en passant le Bourbonnais et l'Auvergne. La note d'un petit curé de campagne nous
apprend quelle fut une des étapes de ce prétendu
sauveur de la France : « Le 29 juin 1632, qui
« est le jour de Monseigneur saint Pierre, l'armée
« de Monsieur, frère du roy Louis 13, est passée,
« et s'est logée en ce bourg de Droiturier ; le
« marquis de Trichaté (?) en Lorraine et Monsieur
« estoient logés en la maison de la Lière ; qui
« commettoit toutes sortes de crimes, sacrilèges,
« viols, brûlades, vols. »[1]

[1] O. E. Aubert, *Les vieux papiers d'une mairie* (Moulins, 1891),
page 9.

§ IV. — Maison de Chateaumorand

ARMES DE LA MAISON LÉVIS-CHATEAUMORAND

(Écartelé ; au 1er et au 4e d'or à trois chevrons de sable ; au 2e et au 3e de gueules à trois lions d'argent armés, lampassés et couronnés d'or).

Le 26 octobre 1669, M° Jean de Bonnet, lieutenant du sénéchal de Ventadour, et fondé de procuration de Madame Marie de La Guiche, duchesse de Ventadour, marquise d'Annonay et de Chitain, comtesse de Saint-Geran, dame de Lalière, Bagnonet, Chenay, Durbize, Saint-Félix, Avrilly et Sainte-Marie-du-Mont, vendit au nom de ladite dame la seigneurie de Lalière et ses dépendances à Messire Henri de Lévis, marquis de Châteaumorand et de Valromey, etc., pour le prix de 93.500 livres et

« 1.500 livres d'épingles » par devant Heulhard et Michel, notaires royaux à Moulins.

A partir de ce moment, Lalière n'a plus d'histoire, à moins qu'on n'appelle histoire une longue succession de baux à ferme, d'abénevis, de reconnaissances, de dénombrements, de rénovations de terrier, actes que je passerai sous silence, à cause de leur intérêt purement local. La chapelle domestique est abandonnée, interdite ; le château, livré à des fermiers insouciants, est dans un délabrement pitoyable, mal entretenu, presque ouvert à tous les vents ; ce n'est plus un château, ni même une halte de campagne, ce n'est plus qu'un domaine auquel sont attachés de beaux droits de cens et de dîme. Il faut cependant dire que la seigneurie de Lalière conserve, même dans ce délaissement, son unité morale, et que les petits fiefs de Dianière, Butavant, etc., sont toujours regardés comme de simples annexes du fief principal.

Lalière perdit même son très modeste tribunal, avec le droit de juger jusqu'à soixante sols et un denier tournois. Des lettres patentes de Louis XIV, données à Versailles au mois d'octobre 1672, réunirent les justices hautes, moyennes et basses de Châtelus, le Breuil, Lalière, Dianière, Bost, Butavant, Larochecheffaux, le Pré du Verger, Mauvernay et Chaugy à celle de Châteaumorand, qui s'exerçait au bourg de Saint-Martin-d'Estreaux, à la charge que, « si ladite terre de Chasteaumorand venoit à passer ès mains de personne de la religion prétendue réformée, il n'y pourra estre estably aucun presche, n'y fait aucun exercice de ladite religion. » Cette union fut un grand bienfait pour les sujets de Châteaumorand, qui trouvèrent dans une justice relativement importante et sérieusement organisée, les garanties de célérité, d'ordre, d'économie, d'équité, que n'offraient pas ces minuscules juridictions, où des officiers incapables apparaissaient de loin en loin. Le greffe de Lalière, regardé comme une propriété vénale acquise au titulaire de la charge, ne fut cependant racheté par le marquis de Châteaumorand que beaucoup plus tard, en 1767[1].

Je ne vois rien autre qui mérite la peine d'être noté dans le cours du xviii° siècle, si ce n'est, là comme ailleurs, la résistance des vassaux à payer la taille et à faire la corvée, qui annonce la fermentation des esprits, et la fin d'un régime suranné; pendant ce siècle, les Donniol, qui ont joué un rôle assez considérable dans le pays, furent très longtemps fermiers de Lalière. Ils en devinrent enfin propriétaires, et en firent l'acquisition vers les premières années du xixe siècle, je crois, sur les héritiers du comte de Lévis-Mirepoix, ancien député aux États Généraux, exécuté en 1794. Enfin le domaine de Lalière fut vendu par M. Émile Donniol, le 10 juillet 1842, à MM. Gilbert et Jean-Marie Maridet. Madame veuve Maridet et M. Sigisbert Maridet, son fils,

---

[1] L'acte de vente donne la succession des greffiers de Lalière depuis 1639.

ont fait au château des réparations qui l'ont du moins rendu habitable.

Voilà, autant que j'ai pu la raconter, l'histoire d'un vieux manoir qui me rappelle quelques-unes de mes plus délicieuses promenades d'enfance. J'ai trouvé du plaisir à exhumer ces souvenirs; n'est-ce pas assez pour croire que je n'ai pas perdu mon temps à les écrire ?

FIN

CHOIX

DE

PIÈCES JUSTIFICATIVES

N. B. Tous ces documents, à l'exception du num. X, sont tirés des archives de Châteaumorand.

I (page 26).

Fondation d'une messe et de prières par Pierre de Vitri dans l'église paroissiale de Saint-Martin-d'Estreaux. Le jour de la lune après la fête de Saint-Mathieu 1389. (27 sept. 1389).

(Original parchemin, autrefois scellé. — Acte latin. Nous en donnons une traduction littérale, mais un peu abrégée, et débarrassée d'une partie des formules usuelles).

A tous ceux qui ces présentes lettres verront ou entendront, Pierre de la Font, bourgeois de Cusset, tenant le sceau royal de la cour de la chancellerie des exemptions d'Auvergne, à Cusset en Auvergne, salut dans le Seigneur. Savoir faisons que par-devant Pierre Giraud, prêtre, notaire de la cour de la chancellerie d'Auvergne, etc.; personnellement établi noble homme Pierre de Vitri,

dit de Larere (sic), damoiseau, seigneur dudit lieu de Larere, ayant avec soin considéré son utilité, etc., de son
bon gré, par pure, perpétuelle et irrévocable donation
entre vifs, cède et abandonne entièrement à sa sainte
mère l'église paroissiale de Saint-Martin-d'Estreaux,
étant présent à ces choses et les acceptant discrète personne messire Pierre de la Périsse, prêtre curé de ladite
paroisse, les choses qui s'ensuivent, et sous les formes
et conditions qui plus bas sont exprimées, pour le salut
de l'âme dudit damoiseau, de son épouse vivante, et de
ses parents, prédécesseurs et bienfaiteurs, savoir: Douze
deniers en monnaie ayant cours, et un livrot de seigle,
mesure de Crozet, de cens à percevoir sur une maison et
deux pièces de terre que tiennent et portent Alix (*Alipsia*)
Patere, et la nommée *La Dalhato*; laquelle maison et
une des deux pièces de terre sont situées en ladite paroisse
près des chênes de la fabrique (*quercus de fabrica* [?]),
d'une part, les vignes de Tourzy, d'autre part, et l'ouche
(*olchiam*) de Jean Cheffaud, d'autre part, sous le cens de
huit deniers et un livrot de seigle ; et l'autre pièce
de terre située près de la garenne de Pinlen (?),
d'une part, et le tènement de Jean Gros, d'autre part,
sous le cens de quatre deniers. De plus, ledit damoiseau
donateur a donné à ladite église et audit curé et aux
curés ses successeurs une certaine dimerie ou dîme
appelée *De Supra Muris*, sur les terres qui sont près du
chemin par lequel on va de Châtelus à Saint-Haon, d'une
part, et le tènement (?) Rety, d'autre part. Desquelles
choses dessus dites ainsi données et cédées ledit damoiseau pour lui et les siens s'est dévêtu totalement, et en
a vêtu ledit messire Pierre de la Périsse, curé de ladite
paroisse de Saint-Martin-d'Estreaux pour lui et les curés
ses successeurs, etc. Et pour les choses ainsi données,
ledit curé et les curés ses successeurs seront tenus de
célébrer ou de faire célébrer chaque année, dans ladite
église paroissiale, une messe pour le remède de l'âme
dudit damoiseau donateur et de tous ses parents, le lendemain de la fête des morts après la fête de tous les saints.

De plus, le même curé et les curés ses successeurs seront tenus, tous les dimanches à perpétuité, de répandre de l'eau bénite sur le tombeau des parents dudit damoiseau donateur, et de dire et faire une absoute, et aussi de faire chaque dimanche les prières et la recommandation dans le lieu accoutumé, dans ladite église, pour la recommandation de l'âme dudit damoiseau et de tous ses parents. Et il a été dit, convenu et accordé entre ledit damoiseau donateur et ledit curé de ladite église que, au cas où le curé ou les curés ses successeurs ne feraient pas ou ne voudraient pas accomplir les choses ci-dessus déclarées, ledit damoiseau ou ses héritiers et successeurs auront le droit et le pouvoir de reprendre entre leurs mains les choses susdites données, etc. De même ledit damoiseau donateur a voulu de plus que, pour le salut de l'âme de feu noble André de Larere, autrefois damoiseau et père dudit donateur, il soit célébré dans ladite église paroissiale de Saint-Martin-d'Estreaux, des propres frais et dépens dudit damoiseau donateur, un anniversaire de sept prêtres qui le célébreront chaque année le jour de la fête du bienheureux Mathieu apôtre, comme il a été ordonné et comme il est contenu dans le testament et dernière volonté dudit feu André de Larere, etc.

Et a ainsi promis ledit damoiseau donateur pour lui et les siens, par son serment prêté sur les saints évangiles corporellement touchés, et sous l'obligation de tous ses biens meubles et immeubles, présents et à venir, etc. En témoignage desquelles choses et à la relation dudit notaire, etc., nous avons cru devoir faire apposer le sceau royal à ces présentes lettres expédiées en double, sauf le droit du roi et de tout autre. Fait étant témoins présents à ces choses Odin Maubruns (*Mabrunorum*), Guillaume Boquin, Hugues Gibon, Eustache des Miniers, Bel Pierre (*Bello Petro*) Janaud (?), Hugues Bardet, prêtres, Philippe de Larere, damoiseau, fils dudit donateur. Et donné le jour de la lune après la fête du bienheureux Mathieu apôtre, l'an du Seigneur mil trois cent quatre-vingt-neuf. (Signé) GIRAUDI.

II (page 26)

Lettres de souffrance et répit d'hommage délivrées par le bailli de Bourbonnais à Pierre de Vitri[1]. 16 avril 1393.

(Original papier, autrefois scellé. (Trace du sceau)).

Tachon de Gléné, escuier, bailli de Bourbonnois, au chastellain de Billy et à tous les autres justiciers et officiers de monseigneur le duc, salut. Par devers nous est venus Pierre de Larrière, escuier, disans que de novel il a achepté et conquis certaine terre posée en la paroche de Laval, près de Chastelluz, laquelle terre il porte et tient en fief de monseigneur de Bourbon ; si nous a requis ledit Pierre que nous le vueillons mectre en la bonne souffrance et respit de monseigneur. Pour quoy, veu et considéré que monseigneur n'est pas au pais, et aussi qu'il nous est apparu par lectres données des seigneurs de la chambre des comptes que ledit vendeur desdites choses s'est desmis en leur main, et fait vestir ledit Pierre, comme plus à plain appert par lesdites lectres dessus dites, pour quoy nous ledit Pierre avons mis en la bonne souffrance et respit de monseigneur jusques à un moys après son retour. Si donnons en mandement au chastellain de Billy et à tous les autres justiciers et officiers de monseigneur que de ladite souffrance le laissent joir et user sans empeschement aucun, lequel empeschement, si aucun en y a, nous ostons par ces présentes, pourveu que ledit Pierre sera tenu de apporter la nommée par devers les seigneurs de la chambre des comptes de devans quarante jours. Donné soubz le seel dudit bailliage le XVIᵉ jour d'avril l'an mil CCC IIIIˣˣ et XIII.

(Signé) GLENE.

[1] Nous avons donné de ce document, qui n'était pas alors sous nos yeux, et que nous avions analysé d'après une note fautive, une idée inexacte ; c'est le motif qui nous engage à en imprimer ici le texte.

III (page 28).

Testament de Philippe de Vitri. 6 mars 1446 (v. s.).

(Copie informe, formant un cahier de papier de 6 ff. — L'acte
est en latin. Nous en donnons la traduction littérale, en supprimant
les formules inutiles).

Au nom de la Sainte et Indivisible Trinité, Père, Fils
et Saint-Esprit, ainsi soit-il. A tous ceux qui les présentes lettres verront ou entendront, Pierre de la Chaise,
(*Petrus de Cathedra*), secrétaire de notre seigneur le roi,
et tenant le sceau royal de la cour de la chancellerie
d'Auvergne à Cusset en Auvergne, salut. Nous portons
à votre connaissance, que par devant notre cher Pierre
Chassepot (*Petro Chassipoli*), prêtre, notaire et juré de
ladite cour, personnellement établi noble homme Philippe de Vitri, damoiseau, seigneur de Larière, de la
paroisse de Saint-Martin [d'Estreaux], sain d'esprit et
d'intelligence, bien qu'infirme et malade, a ordonné son
testament et sa dernière volonté de la manière qui suit.

Il recommande son âme, quand elle sera sortie et sé-
parée de son corps, au très puissant Créateur, à notre
Seigneur Jésus-Christ, à la bienheureuse Vierge Marie,
sa mère, et à tous les saints de la cour céleste. Ledit
testateur choisit la sépulture de son corps, et veut que son
corps soit enseveli au cimetière de l'église paroissiale de
Saint-Martin, dans le tombeau où ses défunts prédécesseurs ont été et sont ensevelis et inhumés. Ledit noble
testateur veut avoir pour luminaire, le jour de sa sépulture, vingt-cinq livres de cire qui seront converties en tor-
ches, cierges et chandelles ardentes, et devront brûler ledit
jour autour de son corps jusqu'à ce qu'il ait été enseveli.
Ledit testateur veut et ordonne qu'on convoque, le jour
de sa sépulture, trente prêtres qui célébreront des messes
et autres divins offices pour le remède de son âme et
de ses parents et prédécesseurs, et qu'on donne à chacun
d'eux quatre blancs royaux avec leur nourriture. Ledit

testateur veut et ordonne que, quarante jours après son décès, on convoque encore trente prêtres. Ledit testateur fonde de plus et veut être fondée une prébende ou commission de messes dans ladite église de Saint-Martin, sous la charge d'une messe à célébrer perpétuellement dans ladite église tous les samedis ; laquelle prébende il donne et confère au curé de l'église paroissiale de Saint-Martin et aux curés ses successeurs, lesquels curés seront tenus de desservir ladite prébende, ou de la faire desservir par un prêtre suffisant et compétent ; et il dote ladite prébende et veut qu'elle soit dotée de trente sols tournois, monnaie royale courante, et d'un setier de seigle qui seront délivrés au même curé de Saint-Martin et à ses successeurs, à chaque fête de Saint-Martin d'hiver, par son héritier dessous écrit, etc. Il donne et lègue à Catherine, sa très chère fille naturelle et légitime, religieuse de l'abbaye de Cusset, sa terre ou chevance appelée de Ferrières, indivise entre ledit testateur et le seigneur de Saint-Didier, et de plus un bacon ou un lard qui sera délivré chaque année à ladite Catherine, par son héritier dessous écrit, sur la maison de Larière ; et ce pour toute part, portion, légitime échûte et autre quelconque réclamation, titre et cause que ladite Catherine peut avoir maintenant ou à l'avenir sur tous les biens, droits et actions dudit testateur, etc. Il donne et lègue, par intention de piété et par aumône, à Isabelle, servante audit lieu de Larière, deux *annualia* bons et deux brebis avec leurs suivants, et ses habits de noces selon son état, etc. De plus, par intention de piété et par aumône, il donne et lègue à trois filles ou jeunes filles à marier, quand il paraîtra convenable à son héritier dessous écrit, savoir à chacune d'elles un bichet de seigle, etc. De même ledit testateur, par motif de piété et par aumône, donne et lègue à Philiberte, servante audit lieu de Larière, une brebis avec son suivant, qui lui sera délivrée par son héritier immédiatement après le décès dudit testateur, etc. Pour le reste de tous et chacuns ses biens meubles et immeubles, droits, noms et actions quel-

conques dont il n'a pas disposé plus haut, le susdit noble
testateur fait et institue son héritier universel, en le
nommant de sa propre bouche, André, son très cher fils
naturel et légitime. Ledit testateur fait, nomme, veut
être et ordonne pour exécuteurs de sa dernière volonté,
savoir vénérable et religieuse personne frère Jean de
Larière, fils légitime et naturel dudit testateur, prieur de
Ris, et noble homme Pierre des Borbes, damoiseau, auxquels exécuteurs ledit testateur donne et concède toute
puissance pour accomplir sa dernière volonté, etc. Fait
en présence de vénérable et religieuse personne frère
Jean de Larière, prieur de Ris ; noble homme Pierre des
Borbes, damoiseau ; discrète personne messire Pierre
Botagun (?), prêtre, Charles de Chambon, Louis du Boys,
Pierre Pometot et Jean de la Goutte, témoins appelés
aux choses dessus dites. Et donné le sixième jour du mois
de mars, l'an du Seigneur mil quatre cent quarante-six.

IV (Page 20).

*Donation de Pierre de Chantellot à ses neveux André de
Vitri et Louis Charnon. 13 juin 1448[1].*

(Note sur papier, extraite du protocole de Pochon, notaire, et
signée par lui. — Il y a une déchirure du papier aux endroits
restitués entre crochets).

Personnellement estably noble homme Pierre Duc,
dit de Chantellot, seigneur de la Chièze, lequel de son
bon gré et voulenté, heu [consid]ération à la bonne et
vraye amour que il a à André, fil[s de] feu Philippe de
Lalière et de damoiselle Luque sa m[ère], seur dudit
Pierre Duc, et à Loys Charnon, aussi [son n]epveu, et
fils de damoiselle Jehanne de Chantellot..., a donné et
donne à héritage perpétuel à sesditz nepveux absens et

---

[1] La date de l'année est en partie effacée ; toutefois nous croyons
qu'il faut lire 1448.

pour lesquelx je, Jehan Pochon, notaire dessus dit, ay
stippulé et absepté *(sic)* pour eulx et les leurs à perpétuel,
ou cas que ledit Pierre Duc yroet de vie à trespassement
sans hoirs dessenduz de luy, c'est assavoir audit André
sa terre et chevance appellé d'Ande et de Gléné, cens,
dismes, rentes, justice et autres droes et appartenances
appartenant esdites terres situé et assis en ladite paroche
d'Ande ; et audit Loys quinze livres de rente à les prendre,
lever et recevoir sur toute sa terre et chevance, hors mis
ladite terre d'Ande, ou cas dessus dit, soubz les charges
acoustumées. Et desquelles choses ainsi dessus données
ou cas dessus dit dès maintenant pour lors ledit escuier
c'est desmis et dévestu par l'octroy de ces présentes, et
en a vestu et saizis lesditz ses nepveux par l'octroy et
concession de ces présentes, sauvé et réservé audit de
Chantellot les usufruis des choses dessus données pour
le corps de sa vie tant seulement. Fait présens vénérable
et religieuse personne frère Hérart de Chantellot, prieur
de Salles, damp Jehan de Montagu, chambarier de Ris, et
Jehan Dinet, le XIIIᵉ jour de juing l'an mil IIIIᶜ XLVIII.
(Signé) POCHON.

V (Page 18).

Convention et transaction entre Brémond de Lévis, baron
de Châteaumorand, et André de Vitri, seigneur de
Lalière. 24 novembre 1468.

(Copie simple, sur papier ; cahier de 4 ff.).

A tous ceulx qui ces présentes lectres verront et orront,
Robin Canche, escuier, fourrier ordinaire du roy nostre
sire, et tenant le seel royal de la court de la chancellerie
des exampts d'Auvergne à Cusy (Cusset) en Auvergne
estably, salut. Comme plaictz et procès soient meuz et
pendant entre hault et puissant seigneur monseigneur
Brémont de la Voulte, chevalier, seigneur dudit lieu et
de Chasteaumorand, d'une part, et noble homme Andrieu

de Vitry, seigneur de Larière, d'autre part, pour raison et à cause de la justice dudit lieu de Larière, etc. Savoir faisant que par devant Jehan Papon et Pierre Obeilh, clercz notaires jurés de la dite chancellerie, etc.; personnellement establys lesditz monseigneur de Chasteaumorand, prenant en main pour madame sa femme (Anne de Chasteaumorand), etc., et ledit Andrieu de Vitry, seigneur de Larière, pour luy et les siens; lesdites parties, de leur bon gré et bonne voulenté, etc., ont cognu et confessé estre d'acord en la manière qui s'ensuit.

C'est assavoir que ledit Andrieu de Larière congnoist et confesse ledit seigneur de Chasteaumorand et ses prédécesseurs avoir eu et à eulx appartenir l'haulte justice au lieu, maison et terre de Larière tenant en fiefz du seigneur de Chastelperron, laquelle y a pouvoir à exercer par ses officiers commis et à commectre es cas d'aulte justice, par tous et chacuns les lieux de ladite terre, et illec fère seoir ses officiers, excepté en la maison forte de Larière et deppuis ladite maison jusques au molin à vant inclusivement, et autant de distance tout à l'entour de ladite place; dedans lesquelles limictes ledit seigneur de Chasteaumorand ny ses officiers ne peuvent colloquer siège ni tenir audience, synon par le cas d'aulte justice, commes délitz ou forfectures soient commis dans lesdites limictes, ou que les délinquans fussent léans recellans ou recellés ou leurs biens, pour quoy seroit expédient illec exercer ladite haulte justice, etc. Semblablement ledit seigneur de Chasteaumorand congnoist et confesse que ledit Andrieu de Vitry et ses prédécesseurs seigneurs dudit lieu ont eu et à eulx appartient la justice basse jusques à soixante solz et ung denier audit lieu de Larière, terres et appartenances à l'entour, tenu en fiefz et homaige dudit seigneur de Chastelperron, etc. *Item* lesdites parties entendent et consentent que les appellations interjectées du chastelain et officiers dudit seigneur de Lalière se doyvent relever davant le chastelain de Chasteaumorand; et ledit seigneur de Larière ou ses officiers pourront conséder et octroyer *debitis* et maintenue en cas et matières possessoires et autres don les esmandes n'y exéderont la somme de soixante solz ung denier.

Item, en tant que touche les autres terres que tient ledit seigneur de Larière en fiefz et homaige de monseigneur de Chasteaumorand à cause dudit lieu de Chasteaumorand ou de Chastelluz ou autrement, ledit Andrieu de Larière soy offre et est contant rendre lesditz fiefz et homaige de ce qu'il tient, etc. *Item* pareillement, touchant les terres que ledit Andrieu de Larière tient à cens et en directe seigneurie dudit seigneur de Chastelmorand, est content respondre au terrier dudit seigneur de Chastelmorand, et poyer selon la forme et manière que ses ancestres et prédécesseurs ont acoustumé, etc. *Item*, au regard de la terre de Gastellières dont est question entre lesdites parties, tant de la propriété que de la toutalle justice, lesdites parties ont consanty que lesditz Jehan Papon et Pierre Obeilh, notaires, allent sur le lieu, appellé avec eulx des prudhomes (?) jusques au nombre de six, dont chacune partie aura la vision des lectres et tiltres desdites parties, et appoincteront icelles parties, etc.

Car ainsi a esté accordé, voulu et promis par lesdites parties et une chacune d'icelles, soubz l'obligation de tous leurs biens meubles et immeubles, etc. En tesmoing desquelles choses nous, à la relacion desditz notaires auxquelz nous adjouxtons pleine foy, avons mys et apposé à ces présentes lectres qui sont doubles ledit scel royal. Faict présens religieuse personne frère Jehan de Larière, prieur de Ris et de Sainct Germain des Fossés, nobles hommes Vassault de Rollat, seigneur de Chastel des Montaignes, Philibert de Sainct-Disdier, seigneur dudit lieu, Antoine Blein, seigneur des Myniers, Pierre Morlot et Jehan de Layre, notaires. Et donné le vingt-quatriesme jour de novembre l'an mil quatre cens soixante et huict.

VI (page 37).

Lettres patentes de Louis XII ordonnant d'ajourner devant la cour du Parlement de Paris Antoine de Feurs, pour répondre à l'appel interjeté par Jacques de Vitri contre une sentence des Requêtes du Palais. 10 octobre 1499.

(Original ; parchemin).

Loys, par la grâce de Dieu roy de France, au premier huissier de nostre parlement ou nostre sergent qui sur ce sera requis salut. Receue avons humble supplicacion de nostre cher et bien amé Jacques de Larière, prothonotaire du saint siège apostolicque, contenant que par cy devant, pour raison des chanonies et prébende de l'église de Lion, s'est meu procès en cas de saisine et de nouvelleté, par devant noz amez et féaulx conseillers les gens tenans les requestes de nostre palais à Paris, entre ledit suppliant, d'une part, et nostre amé et féal conseiller en nostre cour de parlement messire Anthoine Le Feure (*sic*), d'autre part, où tant a esté procédé que ledit de Feurs a obtenu certaine telle quelle sentence diffinitive à son prouffit, de laquelle ledit suppliant ou son procureur pour luy s'est porté pour appellant, et son dit appel a depuis bien et deuement relevé en nostre court de parlement, et fait faire les exécucions, intimacions et deffences en tel cas requises et acoustumées ; et combien que, pendant ledit appel, contre ne ou préjudice d'icelluy ne dudit appellant aucune chose ne deust estre actemptée ou innovée, ce néanmoins ledit de Feurs, soubz couleur de certaines lectres par luy obtenues, lesquelles ont esté impétrées auparavant l'impétracion et exécucion dudit adjournement en cas d'appel dudit suppliant, et avant que nostre dite court de parlement fust saisie de ladite cause, s'est efforcé et efforce faire recevoir en chanonie de ladite église, et faire examiner certains tesmoings, et ce par M° Robert Bérault, lieutenant du bailly de Mascon,

et très suspect audit suppliant, a voulu et s'est efforcé
et efforce procéder à ladite exécucion et audit examen
de tesmoings; dont et de laquelle exécucion et d'autres tors
et griefz plus à plain contenuz et déclarez en l'instrument
appellatoire sur ce fait, le dit suppliant s'est porté appellant une foiz ou plusieurs en adhérant à son premier
appel jà interjecté et relevé en icelle court, etc. Nous te
mandons et commectons par ces présentes que ledit de
l'eurs et autres parties adverses dudit appellant, si aucuns y en a, tu adjournes à certain et compectent jour ordinaire ou extraordinaire de nostre prouchain parlement
à venir, non obstant que par avanture les parties ne soient
pas des jours dont l'en plaidera lors, pour soustenir et
deffendre lesditz tors et griefz, iceulx veoir corriger,
repparer, amender et annuller se mestier est, etc. Et intime et fay asçavoir audit Me Robert Bérault, exécuteur
dessus dit, et autres si aucuns sont à intimer, qu'ils soient
audit jour, non obstant comme dessus, s'ilz cuident que
bon soit et que ladite cause et matière d'appel leur touche ou appartiengne en aucune manière. En faisant aux
dessus ditz et autres qu'il appartiendra et dont seras requis expresse inhibicion et deffence de part nous, sur
certaines et graves peines, que pendant ladite cause et
matière d'appel contre ne ou préjudice d'icelle ne dudit
appellant ilz n'actemptent ou innovent en aucune manière,
ains ce qui seroit actempté ou innové au contraire reppa-
rent et mectent ou facent incontinent et sans délay repparer et mectre au néant et au premier estat, en certiffiant
souffisamment audit jour noz amés et féaulx conseillers
les gens qui tiendront nostre dite court de parlement de
ce que fait en auras. Auxquelz nous mandons que aux
parties, icelles oyes, facent bon et brief droict et accom-
plissement de justice. Car ainsi nous plaist il estre fait,
non obstant quelzconques lectres sur ce impétrées ou à
impétrer à ce contraires. Donné à Lyon, le dixiesme jour
d'octobre l'an de grâce mil CCCC quatre vings dix-neuf,
et de nostre règne le second.

Par le Roy à la relacion du conseil, VILLEBRESME.

VII (page 44).

Commission par Brémond de Vitri, garde des Ponts-de-Cé, de l'exercice de sa charge à Jean Bretault. 27 septembre 1505.

(Original; cahier de papier de 6 ff.)

Le XXVII⁰ jour de septembre l'an mil cinq cens et cinq, en la cour du Roy nostre sire à Angiers, par devant nous personnellement estably Jehan Bretault, demourant aux Pons de Séo... par la teneur de ces présentes prent et accepte de messire Jacques de Vitry, chancelier de Bourbonays, qui lui a baillé ou nom de noble et puissant seigneur Brémond de Vitry, son frère, seigneur de Larière, garde du Pont de Séo pour le Roy nostre sire de huitiesme jour de juing l'an mil cinq cens et cinq dernièrement passé, jusques à troys ans prouchains après ensuyvans, l'office de lieutenant et commis à l'excercisse dudit office de garde audit lieu du Pont de Sée, pour icelui office régir, excercer et gouverner par le dit Bretault ou nom dudit seigneur de Larière... selon et en ensuyvant les ordonnances sur ce faictes par le Roy en son grant conseil le XXII⁰ jour de may l'an mil III⁰LX et dix, et de faire observer, tenir et accomplir de point en point le contenu en icelles sans riens obmectre des articles spécifiés en icelles ordonnances, pour et au nom dudit seigneur de Larière. Et sera tenu ledit Bretault rendre les comptes d'icelui office de garde de troys ans en troys ans au Roy nostre sire en sa chambre des comptes à Paris... Oultre sera tenu le dit Bretault rendre indempne et immune ledit de Larière envers le Roy nostre sire et touz autres, quant au fait concernant ledit office de garde, de tous dommaiges, fraiz, coustz, misions et intérestz, et rendre, bailler et délivrer lesditz comptes arrestez, clos et signez en bonne seureté et à ses despens en la ville de Moulins en Bourbonnays audit de Larière en son logeys... Avecques ce sera tenu ledit commis à ses despens recouvrer,

paier, bailler et délivrer et rendre audit seigneur de Larière, à ses coustz et despens, en ladite ville de Moulins
en son logeys, touz et chascuns les gaiges, droitz de sel,
tauxations, avantaiges, ensemble touz autres prouffiz et
esmolumens deuz à cause dudit office de garde ; sauf et
réservé que sur lesditz droiz ledit Johan Bretault aura
et prandra, pour l'excercisse dudit office, tout le droit,
prouffit et esmolument provenant des rescripcions, expé-
dicions et certifficacions lesquelles ledit garde est tenu
bailler aux marchans conduysans sel par ledit lieu du
Pont de Sée, tant au mesuraige que au retour, quant les
marchans rapportent les certifficacions des descentes de
leur sel, ensemble les tauxations qui lui sont faictes en
ladite chambre des comptes, et le droit pour la despense
au mesurer ; et touz autres droiz, prouffiz, devoirs et esmolumens quelconques, réservé l'esmolument desdites cer-
tifications et desdites tauxations et despense au mesurer
qui doyvent demourer audit commis comme dit est, sont
et demeurent, seront et demoureront audit seigneur de
Larière. Et de faire et acomplir par ledit Johan Bretault
les choses dessus dites bien et deuement ainsi qu'il appartient et que cy dessus est déclairé, Guillaume Aulbineau,
Olivier Cheneveau, Johan Raconet et Johan Moriceau,
tous demourans aux Pons de Sée, et chacun d'eulx pour
le tout, sans division de partie ne de biens, l'ont plégé
et cautionné, plégent et cautionnent par ces présentes
envers ledit seigneur de Larière, et jusques à la somme
de troys mil livres tournoys en cas de deffault... Et a esté
convenu et accordé entre ledit Johan Bretault commis
dessus dit et ledit messire Jacques de Vitry stipulant
pour ledit seigneur de Larière son frère, garde dessus
dit, et moy noctaire cy dessoulz signé stipulant aussi pour
ledit seigneur de Larière, absent, quant aux choses dessus dites et par cy après exprimées et déclairées, que,
ou cas que ledit de Larière se vouldroit despartir des
convenances, obligacion et commission dessus dites, et
commectre une autre personne pour exercer ledit office
de garde, icelui seigneur de Larière le pourra faire toutes

foiz que bon lui semblera, sans ce que pour raison de ce il soit tenu en récompenser ne desdommaiger ledit commis en aucune manière. Et oultre, ou cas que ledit seigneur de Larière ne trouveroit lesditz pleges dudit Jehan Bretault, commis dessus dit, n'estre suffisans et solvables pour la caution dessus dite, icelui Jehan Bretault a promis et sera tenu en bailler et fournir d'autres audit de Larière, toutes foiz que par lui requis en sera Et semblablement ledit messire Jacques de Vitry stipulant dessus dit à ce présent, a promis faire avoir agréable ce présent appoinctement audit seigneur de Larière, son frère, garde dessus dit, toutes foiz que par ledit Jehan Bretault requis en sera. Présens à ce maistre Michel Cadier, esleu de Bourbonnays pour le Roy nostre sire, Jehan Sabardin, Jehan Dupin cousturier, messire Geoffroy Coffier, prebstre, et autres.

(Signé) PARE.

VIII (pa¡ 18).

Donation par Anne de France à Brémond de Vitri des fruits de la terre de Chaveroche, pour cinq ans. 9 octobre[1] 1507.

(Original ; parchemin).

Anne de France, duchesse de Bourbonnois et d'Auvergne, comtesse de Clermont, de Fourestz, etc. A nos amez et féaulx les gens de noz comptes, salut. Savoir faisons que pour considération des bons, grans, louables et recommandables services que nostre amé et féal conseiller et chambellan Brémont de la Rière, seigneur dudit lieu, a par ci-devant faiz tant à feu nostre très redoubté seigneur et espoux, que Dieu absoille, que à nous fait et continue de faire à l'entour de nostre personne, et de celle de nostre très chier et très amé filz, et autrement en plusieurs manières, et espérons que encores fera le temps advenir ; à

---

[1] Et non 27 octobre, comme il a été imprimé par erreur à la page 48.

icelluy, pour cès causes et autres à ce nous mouvans, avons donné et continué, donnons et continuons par ces présentes, les blez, tant froment, soigle, avoyne, poix, febves que autres grains quelzconques, ensemble les poullailles, corvées et charroy pour la conduicte d'iceulz blez, que nous avons et nous sont deuz en nostre seigneurie et chastellenye de Chaveroche, à les avoir et prandre durant cinq années consécutives, à commencer du jour et date que les lectres de semblable don et octroy que a fait nostre dit feu seigneur et espoux seront expirées ; et cela par ses mains ou celles de nostre receveur dudit lieu de Chaveroche, à son choix et ellection. Si vous mandons et à chascun de vous comme à luy appartiendra que par nostre dit receveur de Chaveroche vous faictes bailler et délivrer audit seigneur de la Rière les poullailles et choses dessus dites, ou les luy souffrez prandre et retenir par ses mains durant lesdites cinq années, et en rapportez les présentes signées de nostre main ou *vidimus* d'icelles faict soubz scel authentique, et quictance sur ce souffisante, chacun an, dudit seigneur de la Rière, et en fin desdites cinq années ce présent original. Car tel est nostre plaisir, non obstant que la valleur et estimacion des choses dessus dites ne soit cy spécialement déclarée, et quelzconques ordonnances, mandemens ou deffences à ce contraires. Donné en nostre chastel de Molins, le IXᵉ jour d'octobre l'an de grâce mil cinq cens et sept.　　　(Signé) ANNE DE FRANCE.

Par Madame la duchesse (Signé) CHANTEAU.

IX (Page 51).

Lettres d'affiliation pour Catherine de Talaru, veuve de Brémond de Vitri, et ses enfants à l'ordre des Chartreux. 20 mai 1522.

(Original ; parchemin ; autrefois scellé).

Frère Guillaume, humble prieur de la grant maison de Chartreuse, et tous les diffiniteurs du chappitre général de l'ordo de Chartreuse, à noz bien amez Madame de La Lière et ses enfans salut en nostre seigneur Jhûcrist... Consideré la bonne amour et singulière affection que vous avez à nostre Ordre, et mesmement à nostre maison et église de Nostre Dame de Vauvert lez Paris, ainsi que plus à plain avons esté informez par nostre bien aymé frère dom Michel Bouquin, religieux profes dudit couvent de Vauvert ; à l'instance duquel, comme dévotement le requérez, nous vous concédons, baillons et octroyons par ces présentes, à vous en général et en espécial à chascun de vos dictz enfants, plaine, entière et singulière participation et association, en vostre vie et après vostre trespas, en toutes les messes, oroisons, psaultiers, vigilles, jeunes, abstinences, aumosnes et bienffaiz spirituelz qui de présent se font, et par la grâce de Dieu seront faictz ou temps advenir par nous et noz successeurs en toutes les maisons et couvens de nostre Ordre et religion de Chartreuse, en aioutant de grâce espécial que, quant il plaira à Dieu de vous appeller de ce mortel monde, et vos trespas seront dénoncez à nostre chappitre général, vos âmes seront illecques singulièrement recommandées, et ferons dire messes, services et autres suffrages pour le salut de voz âmes par tout nostre Ordre, si comme avons accoustumé de faire pour noz chers amys et bienffaicteurs. En tesmoing desquelles choses nous avons faict mectre le seel de nostre dite maison de Chartreuse à ces présentes, qui furent faictes et données le vingtiesme jour de may, l'an de grâce mil cint cent vingt et deux, nostre chappitre général séant.

X (Page 69).

Donation par François Ier de la terre du Bois-d'Oingt, confisquée sur Jean de Vitri, à Jeanne d'Arces. Août 1524, Valence.

(Arch. Nat., JJ. 237, fol. 20, num. 128).

Françoys, etc. Comme par arrest de nostre court de

Parlement à Paris, pour les adhérences, machinacions et conspiracion que Jehan de Victry, dit Lalière, et ses frères noz subjectz ont faictes avec Charles de Bourbon, à présent nostre ennemy et adversaire, à l'encontre de nous, noz royaume, pays et subjectz, nous faisant guerre avec ledit de Bourbon et comectant, par ce, cryme de lèze magesté, tous et chacuns leurs biens, terres et seigneuries, meubles et immeubles qui leur appartiennent en nostre royaume aient esté déclarées à nous confisquées, par quoy nous soit loysible en disposer à nostre bon plaisir. Savoir faisons que nous réduysans à mémoire les bons et agréables et recommandables services que le feu chevalier Blant a faiz à feu nostre très chier seigneur et beau père le roy Loys, que Dieu absoille, et à nous depuis nostre advénement à la couronne, tant au royaume d'Escosse que au faict de noz guerres et aultrement en son vivant, voullans aucunement recongnoistre lesdiz services envers damoiselle Jehanne d'Arces sa seur, et afin que cy après ait mieux de quoy entretenir son estat ; pour ces causes... avons donné et donnons à la dicte Jehanne d'Arces la terre et seigneurie du Bois d'Yring[1]... qui fut et appartint audict de Vitry, dict Lalière... aussi tous les fruictz qui en sont escheuz despuis nostre main mise, etc.

XI (Page 78).

Enquête sur les violences et pillages commis par une troupe de gens d'armes, à Saint-Martin-d'Estreaux et autres paroisses. 10-15 nov. 1613.

(Copie authentique prise à l'original ; gros cahier de papier de 49 ff.).

Guillaume de la Chièze, escuier, sieur d'Haix, prévost de Nosseigneurs les connestables et maréchaulx de France au pais, bailliage et ressort de Forest. A tous qu'il appar-

---

[1] Voy. plus haut, p. 69, note 1. Il faut lire Bois d'Yoing, forme ancienne pour Bois d'Oingt.

tiendra sçavoir faisons que le jour d'hier neuviesme de
novembre mil six cens treize, estant en nostre hostel à
Montbrison, [est venu vers nous] noble Jacques de Jas,
de la part d'haulte et puissante dame Diane de Chasteaumorand, dame dudict lieu, avec une sienne lettre, nous
donnant advis de l'inopinée venue de certains soldatz
autour dudict Chasteaumorand, qui auroient failly à icelluy
surprandre, nous requérant de nous y transporter afin de
recepvoir la plaincte qu'elle prétendoit nous faire.
Annuant à laquelle requeste, accompaigné de Aymé Brun,
nostre lieutenant, Anthoyne Boulhon, commis de nostre
greffier, et suivys de douze de nos archers, nous sommes
partys de ladicte ville de Montbrison environ les deux
heures dudict jour après midy, et sommes treuvez en ce
lieu de Chasteaumorand ce dimanche dixiesme dudict
mois sur les six heures de matin, où estant nous aurions
treuvé la dicte dame toutte crainctive, laquelle en se plai-
gnant nous a dict que la nuict de jeudy dernier, environ
une heure de nuict, sont arrivez autour du chasteau et
place dudict Chasteaumorand plusieurs personnes armées
d'espées, arquebuses et pistolletz, et la plus part d'iceulx
à cheval, estans en nombre d'environ deux cens hommes,
comme peult estre jugé en l'obcurité de la nuict, lesquelz
ayans investy la dicte place, les ungs d'eulx seroient
venuz à la porte contrefaisans leur parolle, et se disans
estre le sieur de Givry, proche parent de la dicte dame,
Ballasat (lisez *Bannasat*), et Chenillat, pour tascher
d'avoir l'entrée libre pour icelle piller et voller, sachant
qu'il n'y avoit personne dans icelle place pour empescher
leur mauvais desseing, estant à présent Messire Honoré
d'Urfé, son mary, en court et près de Sa Magesté ; lesquelles personnes, voyans leur mauvaise entreprinse des-
couverte, auroient commencé de venir à la force, et tirer
plusieurs arquebusades au portier et aux fenestres
auxquelles ilz jugeoient avoir quelques personnes, comme
appert desdictz coups tirez contre icelles ; et voyant leur
furie et effort inutil, ilz seroient allez en ung domayne
appellé de Rochière, et ung aultre aussy appellé Gastéron,

dans lesquelz estans entrez, ils auroient pillé, ravaigé, pesché estang, prins et emporté tout ce que bon leur auroit semblé, sans qu'elle aye peu sçavoir qui sont ceulx qui ont commis ung tel acte, sinon qu'elle a oüy dire et nommer que le seigneur de Sainct Geran et de Chetin son frère l'ayant faict, comme estans en la compaignie de ceux qui ont taschè à surprandre sa dicte maison pour icelle piller, et mesmes prendre et enlever les tiltres et documents concernant le pouvoir qu'elle a sur eulx à cause des maisons qu'ilz tiennent en sa haulte et moyenne justice, comme elle fera apparoir en temps et lieu. Et lesquelz seigneurs de Sainct-Geran et de Chetin, assistez de leurs parens et amis et grand nombre de gens de guerre, sont encores à présent au bourg de Sainct Martin d'Estraulx, où ilz se sont barricaddez, qui n'est distant de sa maison que de mil ou douze cens pas ; et l'ont tenue jusques au jour d'hier, despuis ledict jour de jeudy, assiégée, toutes les advenues de sa dicte place saisies, et réduicte à telle extrémité que, sans nostre venue, elle fust esté contraincte de leur quicter la place à leur discrétion, s'estans saisis de tous ses domesticques qui pour solaiger sa nécessité se hazardoient de sortir, et iceulx retenuz prisonniers, ayans vescuz lesdictes personnes tousjours à discrétion sur les subjectz dudict Chasteaumorand, et sont encores commectans mil insolences et volleries, de quoy elle se plainct et requiert l'adjonction du procureur du Roy, pour sur le tout estre informé, offrant administrer tesmoings, pour l'audiction desquelz nous avons ordonné commission estre délivrée, et a ladicte dame signé avec nous. (Ainsy signé) DIANE DE CHASTEAUMORAND. LA CHIÈZE D'HAIX, prévost. BOUL-HON, commis susdict.

Et le lendemain lundy unsiesme dudict mois et an, nous, prévost susdict, ensuitte de la susdicte plaincte circonstances et dépendances d'icelle, avons proceddé à l'audiction des tesmoings cy apprès nommez, adjournez par Mathon, l'ung de noz archers, et assignez par devant nous audict bourg de Sainct Martin d'Estraulx, logis où pend pour enseigne l'Imaige de Nostre Dame, lesquelz tesmoings ont dict et déposé comme cy apprès en leurs dépositions est contenu. (Suivent les dépositions de Jacques Rollet, dit Morin, laboureur; Pierre Noyer, laboureur; Raymond Rigollet, tenant l'hôtel du Dauphin à Saint-Martin; Suzanne de Raix (?), femme d'Etienne Desmanèche, lieutenant des terres de Châteaumorand; noble Jean de Chandian, du Breuil, au service d'Honoré d'Urfé; Arnaud Lassalle, « de Gascoigne », cocher de Madame de Châteaumorand; Gilbert de la Font, domestique à Châteaumorand; Jean Rolland, granger de Rochère; Jean Allalaire, granger de Gathéron; Pasquet Mercier, domestique à Châteaumorand; Pierre Billon, laboureur; Claude Villard, serviteur du sieur de Jas; Charles Martin, vicaire de Saint-Martin-d'Estreaux [1]; Gilbert Pélassis, dit Game, laboureur; Jean Gaulme, laboureur; Raymond Noyer, laboureur; Claude Pourret, laboureur; Georges Raymond, hôte du bourg de Sail; Barthélemy George, laboureur; Jean Burnot, laboureur; Georges Mollin, du village des Garrets; Zacharie Baratier, laboureur; Jean Barrier, dit Baratier, laboureur; Antoine du Poux, laboureur; Pierre Duby, hôte du bourg de Saint-Pierre-Laval; Claude Monnier, granger de Mauvernay; Jacques Chatard, laboureur; Claude Gondaud, de Chollis; Jean Gondaud, de Chollis; Louis Barrier, de Chollis; André Colas, de Chollis; Louis Charlier, de Chollis; Louis Morandin, dit Goyard, de Chollis; Jean Ploton, de Chollis; Jacques Gondaud, de Vers-le-Cou; Claude Marchand, de Vers-le-Cou; Antoine Montgardin, de Laval; Raymond Cappot, laboureur de Saint-Martin; Jean Omestre, tanneur à Marcigny; Jean Troguant, granger de Bournat. — Voici la déposition de Jean de Chandian.

Noble Jean de Chandian, du Breully, demeurant au service du seigneur de Chasteaumorand, aagé de seize ans ou environ, de luy prins et receu le serment en tel

---

[1] Nous avons donné intégralement sa déposition plus haut, page 81.

cas requis, dépose que jeudy dernier septiesme du présent mois, le jour estant failly, estant dans ledict chasteau, fust dict par le portier qu'il y avoit des gens à la porte qui hurtoient, et qu'ilz luy avoient dit que c'estoit Monsieur de Givry et de Banasat ; qui occasionna le déposant avec les aultres domesticques de sortir, et advisa par ung trou proche de la porte sept hommes à cheval[1], et s'en retournant pour en donner advis à ladicte dame de Chasteaumorand treuva en son chemin Me Nicollas Charretier, procureur d'office, qui luy dict que ladicte dame luy avoit commandé d'ouvrir ; auquel le déposant dict : « Ne le faictes pas, Monsieur de Givry ne va pas si grand train ; » montarent tous deux sur le ravelin de la porte, demandant sy le dict de Givry estoit [là]. Lors quelqu'un d'eulx dict : « Il est allé à l'aultre porte ; » et sur ce le déposant dessendit pour aller quérir des arquebuses, recognoissant que ce n'estoient des personnes telz qu'ilz se disoient ; appela le sieur de Jas, qui montarent encores sur ledict ravelin, et advisans lesditz hommes, ils ne peurent veoir que deux hommes à cheval... auxquelz ledict charretier dict : « Retirez-vous ; sy vous ne le faictes, l'on vous tirera, » et par sept ou huict fois reytera, jusques à ce qu'ilz ouyrent dire que on leur tira ; et sur ce en eulx retirant en gaulsant et se mocquant disoient : « Voylà des paisans là dedans qui causent bien ; Madame de Motte Creuze a elle souppé ? » Et leur fust reparty qu'elle estoit au fruict ; et sur ce ilz repartirent : « Dictes luy qu'elle sera bien tantost Madame de Place Vuide. » Et sur ce ayans ouy lesdictz hommes qui estoient mis soubz le colombier, ont fust contrainct de tirer ung coup d'arquebuse ; apprès lequel l'un d'eulx dict : « Retyrons-nous, l'on tire ; » et tout incontinant apprès lesdictz hommes entrarent dans le jardin, allumarent ung grand feu de boys du berceau qu'ilz abattirent, et environ la mynuict

[1] Il résulte de l'ensemble des dépositions que sept ou huit gens d'armes seulement frappèrent à la porte du château, mais qu'il y en avait un grand nombre d'autres aux alentours.

cognoissant que on faisoit garde sur ce que on attacha
ung flambeau ardant en une perche pour tascher de les
recognoistre, ilz tirarent cinq ou six coups de pistolletz
contre ledict flambeau, et de l'un d'eulx donnarent dans
la fenestre où ledict flambeau estoit. Et est tout ce qu'il
a dict sçavoir, et a signé. (Ainsy signé) J. Chandian.

XII (page 86).

*Mémoire concernant la succession du marquisat de
Valromey pour J. Cl. de Lévis, marquis de Châteaumorand,
contre Jacques Le Paillard d'Urfé. Sans
date (après 1629).*

**(Cahier de papier de 4 ff. — Nous donnons de ce mémoire
un extrait relatif à la mort de M. de Chitain).**

...Après l'ouverture d'icelle requeste civile, ledit
sieur de Chasteaumorand ayant soutenu l'impétrant (Jacques
d'Urfé) non recevable à faire poursuite de ladite
requeste civile qu'il n'eust préalablement parfourny,
voyant qu'il ne pouvoit contester ledit parfournissement,
il se seroit jecté à ung moyen fort extraordinaire, ayant
objecté audit sieur de Chasteaumorand qu'il n'estoit pas
cappable d'agir en jugement, attandu la santance rendue
au bailliage de Forests, siège de Montbrizon, pour raison
de la mort du sieur de Chitaing. La cour verra à quelle
extrémité ledit sieur d'Urfé c'est porté en cette instance ;
il a faict jouer les resortz de son authoricté audit bailliage
de Montbrizon où il porte quallitté de bailly, pour
faire bailler jugement à l'encontre dudit sieur de Chasteaumorand,
seur une maulvaise procédure au préjudice
de celles faictes en la sénéchaussée de Bourbonnois,
affain d'avoir un prétexte de fermer la bouche audit
marquis de Chasteaumorand en l'empeschant d'agir à
l'encontre de luy. Mais pour monstrer qu'en vain et inutilement
ledit jugement a objecté, l'on produict l'extraict

d'un arrest donné au parlement de Paris le 17 febvrier 1628, par lequel la procédure faicte audict bailliage de Montbrizon et la santance qui y avoit esté donnée ont esté cassés, le différend des partyes remis au lieutenant criminel de Moullains pour estre le procès faict jusques à santance difinitisve exclusivement, nonnobstant oppositions ou appellations quelconques, et sans préjudice d'icelle, pour, le tout rapporté et communiqué à monsieur le procureur général, estre ordonné ce que de raison est. Cependant main levée auroit esté faicte audit sieur de Chasteaumorand des choses seur luy saisyes ; ce quy faict bien veoir que touttes les procédures faictes audit Montbrizon n'estoient qu'une praticque et menée des hayneux et malveillants dudit sieur de Chasteaumorand.

FIN DES PIÈCES JUSTIFICATIVES

TABLE DES MATIÈRES

PIÈCES JUSTIFICATIVES

FIN DE LA TABLE